수익률 높이는
종목 선택법

수익률 높이는 종목 선택법

사야 할 주식, 피해야 할 주식

효라클 지음

BM 황금부엉이

프롤로그

왜 '무엇을 사지 말아야 하는가'가 더 중요한가

예전에 만난 바둑 고수가 이런 말을 한 적이 있다.

"초심자는 이기기 위해 돌을 놓고, 고수는 지지 않기 위해 돌을 놓는다."

그 말이 마음에 오래 남았다. 그리고 시간이 한참 흐른 뒤, 나는 그 말을 주식시장에 적용하게 되었다.

"초보자는 수익을 내기 위해 종목을 고르고, 고수는 손실을 피하기 위해 종목을 걸러낸다."

한국 주식시장은 커다란 중고차 매장과 같다. 중고차 시장에는 오래된 차, 주행거리가 긴 차, 사고 난 차 등 온갖 사연의 차들이 난무하다. 중고차 시장을 찾은 하수는 일단 '가장 있어 보이는' 차를 찾기 위해 눈을 부릅뜬다. '일단 차를 산 다음에 고쳐가면서 타지, 뭐'

이게 전형적인 하수들의 생각이다. 반면 고수는 중고차에서 사지 말아야 할 기준, 즉 걸러야 하는 기준이 확실하다. 가장 먼저 차량 구매 후 엄청난 수리비가 나올 만한 위험요소부터 제거한다. 브랜드는 그다음 문제다. 아무리 벤츠라고 해도 사고 이력이 있으면 거들떠보지 않는다. 버릴 것을 먼저 골라낸 다음에야 진짜 담을 것이 눈에 들어온다.

투자도 마찬가지다. 투자란 선택의 연속처럼 보이지만, 실은 걸러내기의 기술이다. 즉 '더하기'가 아닌 '빼기'의 세계이다. 시장에 좋은 종목만 가득하다면 '진짜'를 골라내기가 어렵다. 다 그럴 듯해 보이니까. 하지만 시장에 쓰레기가 널려 있다면? 고르기가 쉽다. 걸러내기만 하면 되니까. 덜어내고 남은 것들 중에서 괜찮은 것을 찾는 건 간단한 일이다. 진짜 고수가 될 수 있는 기회는 어지러운 틈새에서 생긴다. 다시 말해, 망할 기업이 즐비한 시장일수록 생존 확률은 오히려 높아진다.

대부분은 사람들은 '좋은 기업을 사면 언젠가는 오를 것이다'는 믿음을 가지고 있다. 하지만 이 믿음에는 손실의 위험도 내포되어 있다. 좋은 기업이 오르기까지는 너무나 긴 시간이 필요하고, 그 시간 동안 버텨내려면 전문적인 지식과 흔들리지 않는 자금력이 필요하다. 또 운도 따라야 한다. 물론 나쁜 기업은 그보다 훨씬 빠르게 무너진다. 그들은 우리에게 기다릴 시간조차 주지 않는다. 좋은 기업은 천천히 성공하지만, 나쁜 기업은 하루아침에 추락한다. 그래서 투자자는 오르는 것을 고르기 전에 떨어질 것부터 피해 가야 한다.

한국 주식시장은 쓰레기로 가득 차 있다. 작전주, 테마주, 개미지옥 같은 말들이 괜히 생긴 게 아니다. 눈에 보이는 종목 하나하나가 반짝여 보이지만 그것은 포장지에 불과할 뿐이다. 사실 속은 썩어있다. 그런데 이상하게도 사람들은 그런 시장을 보며 절망한다.

나쁜 기업이 많다는 건 투자자에겐 축복이다. 이름만 대면 알 만한 기업들의 실적이 좋고 투명하게 운영되는 미국 시장에선 개별 종목으로 차별화하기 어렵다. 오르는 이유도 명확하지만, 하락의 변명도 제한적이다. 하지만 한국은 아니다. 조선, 석유화학, 바이오, 태양광, 엔터테인먼트, 정치 테마 등의 분야들이 좋다가도 한순간에 무너지고, 믿을 만하다고 생각했던 기업들이 어느 날 횡령·배임 등의 사건으로 뉴스를 장식하기도 한다. 얼핏 보면 단점처럼 보이지만, 사실 그것은 분명한 힌트다. 어떤 기업이 망할지를 알 수 있다는 건, 다른 말로 하면 '살아남을 기업'을 더 쉽게 찾을 수 있다는 뜻이다.

내가 자주 가는 시청역 근처의 횟집에서는 한 마리 생선을 손질한 뒤, 먹을 수 있는 살점만 접시에 담는다. 비늘, 뼈, 내장 등 부속물은 모두 버려진다. 주식시장도 비슷하다. 상장된 기업 1,000개 중에서 투자할 만한 기업은 5%에 불과하다. 사람들은 생선을 손질해서 먹을 생각을 하지 않고, 그냥 생선을 욕하기 바쁘다. "왜 이렇게 생선에 가시가 많아? 너무 먹기 힘들다."는 말만 되풀이하면서. 좋은 회를 찾는 게 목적이 아니라, 비늘이 있는 걸 피하는 게 우선이다.

나쁜 기업이 많은 이 시장에서 '무엇을 피해야 하는가'를 알기만 해도 당신은 이미 상위 10%에 해당한다. 대부분은 그것조차 모르고, 그걸 가르쳐주는 이도 없다. 투자 교육은 늘 '이 회사를 사면 얼마가 오를 수 있다'고 유혹한다. 증권사 리포트는 장밋빛 전망만 그려댄다. 애널리스트들은 고객이 기분 나빠할 만한 말은 꺼내지 않는다. 그래서 '매도' 리포트도 섣불리 내지 못한다. 그래서 한국 주식시장에는 '거르면 좋은 기업'이 아니라 '안 거르면 망하는 기업'만 가득하다. 불편하지만 이것이 현실이다. 주식시장은 원래 그런 곳이니까.

이 생태계에서 가장 큰 착각은 '이성적 선택이 통할 것'이라는 믿음이다. 하지만 시장은 합리적이기보다 잔혹하고, 일관되기보다 변덕스럽다. 기업이 아무리 뛰어난 기술을 가졌어도, 테마에서 밀리면 주가는 꿈쩍도 하지 않는다. 반대로, 적자투성이에 기술도 없는데 '정치 테마' 하나 얹었다고 하루 만에 상한가를 간다. 그런 구조를 모르고 한국 시장에 들어오는 투자자는 바늘 없는 나침반을 들고 사막을 걷는 셈이다. 방향을 알 수 없으니 생존할 수도 없다.

지금까지 지켜본, 투자자들이 말하는 '착각의 삼단논법'은 다음과 같다.

> 이 회사는 좋아 보인다 → 실적도 나쁘지 않다 → 그래서 오를 것이다

그런데 현실은 이렇게 흘러간다.

> **이 회사는 좋아 보인다 → 이미 그 기대가 반영됐다 → 그래서 떨어진다**

시장은 논리의 세계가 아니다. 기대와 실망, 눈치와 공포, 패닉과 희망의 세계다. 그래서 똑똑한 사람일수록 더 많이 틀린다. 이성적으로 생각하면 틀리게 되어있다. 한국 주식은 이성보다 생존의 언어로 읽어야 한다.

나는 마치 소풍을 가듯 시장에 들어온 많은 투자자들을 만났다. 그들은 좋은 정보를 찾고, 수익률 높은 종목을 기대하며, 인생 한 방을 상상한다. 대개는 처음부터 실수를 한다. '사지 말아야 할 것을 사 버리는' 실수. 그건 단순한 선택의 문제가 아니라, 구조적인 몰이해다. 시장의 본질을 모르고, 기업의 정체를 모르고, 돈의 흐름을 모른 채 겉으로 반짝이는 종목에 뛰어든다. 나는 그것을 막기 위해 이 책을 집필했다. 그렇다고 이 책이 지뢰밭에서 안전한 길을 알려주는 책이 아니다. 지뢰가 깔린 구역을, 붉은 깃발처럼 표시해 주는 책이다. 길을 알려줄 순 없어도, 그 길이 아니라는 것은 알려줄 수 있다. 그것만으로도 당신의 발목을 지킬 수 있을 것이다.

그래서 이 책을 '절대 사지 말아야 할 10가지 계명'으로 구성했다. 10가지 계명은 단순한 사례가 아니다. 이것은 한국 시장에서 수백만 번 반복되어 왔고, 앞으로도 반복될 수 있는 실패의 공식이다. 나는 이것을 '이 시장이 가지고 있는 고질병'이라고 부른다. 치료가 아니라 회피로만 살아남을 수 있는 병. 그래서 치료법을 제시하지 않는다. 그저 말할 뿐이다.

"그 약은 먹지 마세요. 독입니다."

나는 누구보다도 이 시장의 무서움을 안다. 동시에 누구보다도 이 시장이 기회라는 것도 안다. 기회란 '뭘 사야 하느냐'가 아닌, '무엇을 절대 사지 않아야 하느냐'에서 시작된다. 그 질문을 처음으로 던진 사람만이 결국 자신만의 답에 도달할 수 있을 것이다. 이 책은 당신이 그 질문을 던지게 만드는 책이다. 그리고 그 질문이 끝나는 곳에서 진짜 투자가 시작된다.

차례

| 프롤로그 | 왜 '무엇을 사지 말아야 하는가'가 더 중요한가   4

제1계명
중국과 경쟁하는 회사를 사지 마라

1 '싼 게 비지떡'은 이제 중국의 것이 아니다   16
2 태양광·배터리·석유화학·디스플레이, 중국에 진 산업들   23
3 한국 인재가 의대로 갈 때, 중국 인재는 공대로 간다   31

제2계명
총수가 감옥에 갔다 온 회사를 사지 마라

1 전과자는 싫어하면서 재벌 총수는 용서하는 나라   38
2 재벌 총수의 수감·출소 전후 주가의 변동   42

제3계명
장기투자라면 코스닥을 쳐다보지도 마라

1 나스닥은 혁신, 코스닥은 착시   54
2 PER만 높고 순익은 없는 기업들   60
3 코스닥 적자 기업은 단타용으로 적합하다   65

제4계명
실적 발표 전에 사지 마라

1 실적이 좋아도 주가가 떨어지는 이유   72
2 한국식 '재료 소멸'과 눈치 매매 구조   77
3 재료 소멸의 대표적인 사례들   81

제5계명
작년에 많이 오른 종목은 사지 마라

1. 화려했던 에코프로, 다음해에 벌어진 일   98
2 좋은 뉴스만 쏟아지는데 왜 주가는 더 못 오를까   101
3 매년 새로운 스타가 탄생한다   107

제6계명
모 아니면 도 종목을 사지 마라

1. 바이오, 게임, 신제품… 결과에 인생을 거는 투자   114
2. 빛나는 순간: 모가 나왔을 때   121
3. 쪽박의 순간: 도가 나왔을 때   136

제7계명
정치권과 연결된 회사를 사지 마라

1. 정권은 바뀌고 스캔들은 반복된다   150
2. 박근혜, 김건희: 탄핵된 정권이 매섭다   154
3. 수사에 흔들리는 주가, 감당할 자신 있는가   160

제8계명
노조가 강한 회사를 사지 마라

1. 애초의 취지와 멀어진 귀족 노조   166
2. 파업 리스크와 협상 불발이 만드는 불확실성   170
3. 노란봉투법과 로봇의 본격적인 도입   176

제9계명
정부 정책에 반하는 회사를 사지 마라

1. 춤추는 정책, 춤추는 주가, 정권 따라 춤춘다   184
2. 정권이 싫어하는 기업은 국민도 싫어한다   190
3. 실적보다 중요한 건 '분위기'다 - 눈치의 경제학   206

제10계명
사업 구조가 다각화된 회사를 사지 마라

1. 물적 분할은 주주를 버리는 가장 쉬운 방법이다   214
2. 하나가 잘돼도 다른 부문이 발목을 잡는다   218
3. 사업 다각화는 경영의 방패, 투자자에겐 족쇄다   223

| 에필로그 | 그래서 뭘 사라는 건데?   227

수익률 높이는 종목 선택법

제1계명

중국과 경쟁하는 회사를 사지 마라

중국과 경쟁하고 있는 기업 리스트

'싼 게 비지떡'은 이제 중국의 것이 아니다

01

'싼 게 비지떡'이라는 말은 오랫동안 한국 투자자들의 무기였다. 값싼 제품은 품질도 형편없다는 믿음, 그래서 중국산은 결코 따라올 수 없다는 자만, 바로 그 방심이 오늘날 한국 기업을 벼랑 끝으로 내몰았다.

한때 '메이드 인 차이나'는 조롱의 대상이자 짝퉁의 대명사였고, 품질 불량의 상징이었다. 그 시절을 기억하는 이들은 지금도 무의식 중에 이렇게 말한다.

"그래도 중국은 아직 멀었지."

안타깝게도 '아직 멀었다'는 말은 이미 10년 전에 끝났다. 시계가 고장 났다고 세상이 멈추는 것은 아니다. 멈춘 것은 시곗바늘일 뿐이다. 오랫동안 한국의 시계는 고장 나 있었고, 중국은 멈추지 않고 열심히 달렸다. 이제 '중국은 아직 멀었다'라는 말은, 따라잡기에는 너무 멀리 가버렸다는 의미가 되었다.

그동안 중국은 싸구려 상품을 팔면서 세계를 학습했다. 베끼면서 원리를 익혔고, 쏟아내며 속도를 익혔고, 물량으로 품질을 다듬었다. 그리하여 이젠 괜찮은 품질의 상품을 싸게 판다. 중국이 가격과 품질이라는 두 마리 토끼를 동시에 쥔 순간, 세계 시장은 조용히 굴복했다. 우리는 아직도 중국산을 '비지떡'이라고 부르지만, 세상은 그것을 '새로운 기준'이라고 부른다. 이를 보여주는 대표적인 사례가 우리나라 사람들이 그렇게 좋아하는 다이소 가성비템의 대부분이 중국산이라는 것이다. 중국산은 이렇게 조용히 세계를 장악해 가고 있다.

중국은 한때 '세계의 공장'으로 불렸다. 글로벌 유수의 기업들이 싼 인건비에 반해 너도나도 중국에 생산기지를 만들었다. 중국은 전 세계의 하청 공장이 되는 과정에서 엄청난 생산 노하우를 습득했다. 글로벌 일류 기업에서 디자인된 물건들을 직접 만들면서 빠르게 최신 트렌드를 익혔다.

오늘날 중국은 단순한 '공장'이 아니다. 스마트폰, 태양광, 배터리, 철강, 석유화학, 드론, 조선, 자동차, 반도체 장비에 이르기까지 기술이 필요한 거의 모든 분야에서 무서운 속도로 영향력을 확장하고 있다. 중국은 이제 가격으로만 승부하지 않는다. 기술, 속도, 국가적 지원 등 어느 것 하나도 뒤처지지 않는다. 이건 기업과 기업의 싸움이 아닌, 시스템과 시스템의 전쟁이다.

중국은 거대한 회오리와 같다. 그 회오리는 주변 국가의 산업을 하나씩 빨아들이고 있다. 처음엔 싸구려로 시작해 시장을 교란하고, 그 다음엔 품질을 높이며 본격적으로 경쟁에 뛰어든다. 마지막엔 가격을 무기로 모두를 바닥으로 끌어당긴다. 그 회오리에서 살아남을 수 있는 나라가 있을까? 아무리 잘나가는 한국 기업이라도 회오리 안에 갇히는 순간 가격 경쟁에 내몰리고, 마진이 깎이며, 기술은 모방당하고, 경쟁력은 소멸하게 된다. 한국전쟁 이후 우리나라가 고도성장을 할 수 있었던 것은 우리가 가진 힘 덕분이기도 하지만, 중국이 1978년 덩샤오핑에 의해 개혁개방을 하기 전까지 폐쇄적인 경제구조로 잠들어 있었기 때문이기도 하다. 만약 중국이 지금과 같은 경쟁력으로 1950년대부터 경제를 발전시켰다면, 지금의 한국을 지탱하고 있는 제조업의 뿌리마저 자라지 않았을 가능성이 크다.

상황이 이런데도 아직도 중국을 '모방의 나라'라고 보는 사람들이 있다. 베끼고, 따라 하다 저렴한 인건비로만 성장한 국가라는 낡은 인식. 그것은 명백한 착각이며, 투자자로서 위험한 오판이다. 중국은 더 이상 복제품의 나라가 아니다. 이제는 특허를 등록하고, 표준을 제시하고, 기술을 수출하는 나라다. 그들은 똑같은 물건을 만드는 걸 넘어 세상의 방식을 바꾸려 한다.

사례를 살펴보자. WIPO(세계지식재산기구)에 따르면, 2023년 한 해 동안 중국은 세계에서 가장 많은 7만 6,000건이 넘는 국제특허(PCT) 출원을 기록했다. 미국, 일본, 독일, 한국이 그 뒤를 이었지만 압도적인 격차였다. 중국은 이미 2020년에 17년 연속 1위였던 미국을 제친 이후, 단 한 번도 1위 자리를 내준 적이 없다. 이는 단순한 숫자 싸움이 아니라 '지금부터 세계 시장의 룰은 우리가 정하겠다'는 선언과 다름없다.

예전엔 기술을 가진 나라가 룰을 만들었고, 나머지 나라는 따라야만 했다. 지금은 어떨까? 중국이 표준을 선점하고 있다. 특히 5G 통신 기술에서는 이미 미국, 유럽을 제치고 국제표준특허 점유율 1위를 차지했다. 세계에서 가장 많은 5G 특허를 가진 국가는 중국의 화웨이다. 이것은 단순히 휴대폰을 잘 만드는 걸 넘어, 전 세계의 네트워크 인프라 위에 중국이 깃발을 꽂는다는 의미다.

AI 분야도 마찬가지다. 중국은 인공지능 관련 논문 수, AI 특허 수, 딥러닝 논문 인용지수 등에서 이미 미국과 어깨를 나란히 하고 있고, 일부 분야에서는 추월했다. 바이두와 알리바바, 화웨이, 텐센트는 한국 대기업들보다 더 빠르게 AI 연구소와 반도체 설계팀을 꾸렸고, 중국 정부는 AI 인프라에 천문학적인 예산을 밀어 넣고 있다. 미국이 중국의 GPU 수입을 제한하고, 반도체 장비 공급을 차단하는 이유가 바로 여기에 있다. 적당히 따라오는 후발주자라면 그렇게까지 하지 않는다. 무섭게 치고 올라오는 진짜 위협이기 때문에 견제하는 것이다.

배터리 분야는 더 말할 것도 없다. 세계 1위 배터리 기업은 LG에너지솔루션도, 삼성SDI도, SK온도 아니다. 2024년 기준, 전 세계 전기차 배터리 시장 점유율 1위는 중국의 CATL, 2위도 중국의 BYD이고, 한국 3사가 그 뒤를 쫓는다. 전기차를 굴러가게 하는 배터리를 중국이 쥐고 있는 셈이다. 그리고 배터리의 가격을 결정짓는 핵심 원료인 리튬, 니켈, 망간, 흑연, 인산철 모두 중국이 전 세계 공급망의 정점에 서 있다.

드론 산업은 이미 끝났다. 전 세계 드론 시장 점유율의 70% 이상을 중국의 DJI가 차지한다. 이제 드론은 군사 기술, 물류, 촬영, 산불 진화, 농약 살포, 지도 제작에까지 광범위하게 쓰이는 핵심 산업이 되었고, 그 핵심을 중국이 독점하다시피 하고 있다.

조선업도 마찬가지다. 한때 조선 1위였던 한국은 이제 수주량 기준으로 중국에 밀린 지 오래다. 다만 LNG 운반선과 같은 특수 용도의 선박 제조 분야에서 앞서고 있을 뿐이다. 기술 경쟁력보다 국가적 수주 지원 시스템과 저가 전력 인프라, 조선소 밀집지, 전략적 금융 지원으로 중국은 국가 차원의 제조 플랫폼이 되어가고 있다.

중국은 심지어 우주항공 분야까지 진출했다. 중국은 독자적인 우주정거장 '톈궁'을 발사했고, 달 탐사선, 화성 탐사선까지 독자적으로 쏘아 올렸다. 쏘아올린 저궤도 위성의 숫자도 스페이스X에 이어 가장 많다. 미국과 러시아만 가능하던 영역을 국산화한 부품으로 조립하고, 자국 기술로 쏘아 올리는 능력을 갖춘 것이다. 이는 단순한 쇼가 아니다. 기술 독립, 기술 표준, 기술 위상의 총합이다.

이제 '중국은 기술 후진국'이라는 말을 입에 올리는 것 자체가 투자자로서의 무지를 드러내는 행위다. 중국은 단순한 생산기지가 아니다. 그들은 기술을 만들고, 보호하고, 제도화하고, 무기화할 줄 아는 국가가 되었다. 그리고 지금 이 순간에도 수천 개의 국유 기업과 민간 테크 기업이 전 세계 시장을 상대로 특허와 가격으로 전면전을 벌이고 있다.

그래서 미국이 중국을 견제하는 것이다. 단순히 중국의 성장을 두려워해서가 아니라, 중국의 기술이 실질적인 위협이 되기 때문에 제재한다. 관세는 단순한 보호무역이 아니다. 기술 패권을 두고 벌이는 생존 경쟁이다. 한국 기업은 그 사이에 끼어 있다. 한국은 미국 시장을 바라보며 기술을 준비하고, 중국의 가격을 견제하며 수익을 챙겨야 하는 샌드위치 국가다.

지금의 한국은 특히 위험하다. 왜냐하면 우리가 자랑스러워하던 산업들이 중국과 개기일식처럼 정확히 겹치기 때문이다. 태양광, 배터리, 석유화학, 철강, 디스플레이, 자동차 부품 등 우리의 자존심이었던 산업은 이제 중국의 연습장이 되었다. 연습이 끝난 순간, 중국은 판을 엎을 것이다. 시세를 무너뜨리고, 단가를 붕괴시키고, 산업 자체를 더 이상 수익이 나지 않는 구역으로 만들 것이다.

과거에는 '싼 게 비지떡'이라고 했지만, 이제 비지떡은 경쟁자를 무너뜨리는 강력한 수단이 되었다. 싸다는 건 결코 약점이 아니다. 그건 전략이자 구조이고, 무기다. 중국은 싼 가격을 통해 경쟁자를 말라죽게 만든다. 품질이 조금 나빠도 물량 공세 앞에서는 버틸 재간이 없다. 이윤이 없는 전쟁터에서는 아무리 기술이 좋아도 살아남을 수 없다.

지금 당신이 들고 있는 종목이 중국과 같은 산업에서 경쟁하고 있는가? 그렇다면 그 주식은 마치 시속 300km로 돌진하는 트럭 앞에서 자전거를 타고 역주행하는 것과 같다. 처음엔 괜찮아 보여도 결국 부딪히고 만다. 아무리 제품이 좋고 브랜드 가치가 있어도, 중국의 가격 공세 앞에서는 주저앉을 수밖에 없다. 싸다는 것은 더 이상 비웃음의 대상이 아니다. 그것은 무기다. 우리는 그 무기를 가진 국가와 지금, 정면으로 싸우고 있다. 그 전쟁에서 이길 가능성은? 거의 없다.

이제 투자자에게 묻겠다. 중국과 정면으로 경쟁하고 있는 한국 기업, 그 기업의 주식을 들고 있어도 괜찮겠는가? 싸움의 판도가 바뀌었는데, 당신의 투자 기준은 그대로인가? 그런 의미에서 한국주식 투자 1계명은 단순하다.

"중국과 경쟁하는 회사의 주식을 사지 마라."

이건 회피가 아니라 전략이다. 살아남기 위해 피하는 것이다. 그리고 이 전략은 지금, 무엇보다도 절실하다.

태양광·배터리·
석유화학·디스플레이,
중국에 진 산업들

02

태양광, 배터리, 석유화학, 디스플레이 등 분야는 달라도 모든 산업의 흐름은 똑같다. 처음엔 한국이 시장을 주도한다. 기술력, 브랜드, 신뢰도, 속도, 모든 면에서 앞서나간다. 그때는 누구도 의심하지 않는다. '역시 한국이다', '한국은 기술로 먹고 산다' 같은 찬양 일색의 기사와 리포트가 쏟아진다. 주가는 오르고, ETF는 몰리고, 언론은 찬양하고, 개인은 추격한다.

그러다 어느 순간, 그 시장이 '돈이 되기 시작하면' 반드시 중국이 들어온다. 그리고 그때부터 가격이 무너지기 시작한다. 공급 과잉, 수익성 악화, 출혈 경쟁 등으로 시장의 주도권은 조용히 중국에게 넘어간다. 끝날 땐 너무 빨라서 아무도 손쓸 수 없다. 모두가 보고 있었지만, 아무도 막지 못한다. 이건 기업의 실수나 전략 미스가 아니다. 패턴이고, 구조다.

태양광 - 폴리실리콘의 몰락, OCI의 추락

태양광 산업의 핵심 원료는 폴리실리콘이다. 폴리실리콘은 고도로 정제된 실리콘 결정으로, 태양광 패널의 효율과 수명을 결정짓는다. 한국 기업 OCI는 2010년대 중반까지 폴리실리콘 생산에서 세계 일류 기술력을 보유했고, 2010~2011년에는 주가가 50만 원을 넘기도 했다. 전 세계가 '그린에너지 붐'에 올라타면서 폴리실리콘 가격은 kg당 400달러에 육박했다.

그러나 2012년부터 중국이 본격적으로 폴리실리콘 생산에 뛰어들었다. GCL, Tongwei, Daqo 같은 중국 국영·민간 기업들이 정부 보조금, 대출 지원, 전기료 감면 혜택을 등에 업고 생산 설비를 기하급수적으로 늘렸다. 그 결과, 2011년 kg당 400달러였던 폴리실리콘의 가격은 2015년엔 20달러 이하로 추락했고, 2020년대 초반에는 10달러대 초반까지 내려갔다.

OCI는 버티지 못했다. 2020년 말레이시아 공장을 폐쇄했고, 2023년에는 태양광 소재 사업에서 사실상 철수했다. 2011년 50만 원대였던 OCI의 주가는 2025년에는 10만 원대마저 붕괴됐다. 산업의 성장 동력이 아닌, 가격의 붕괴가 만든 종말이었다.

■ **OCI 주가 차트(2011~2025년)**

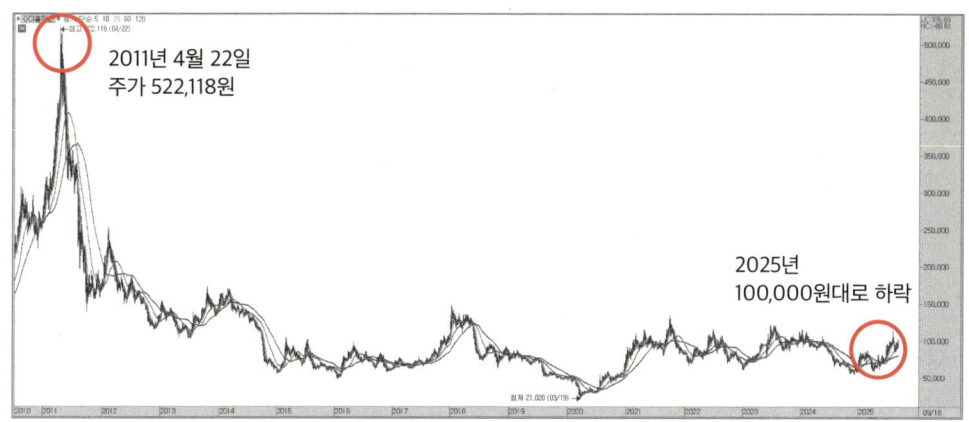

배터리 - LFP가 판을 바꾸고, 한국은 수익을 잃었다

한국 배터리 3사는 전 세계에서 기술력이 가장 앞섰다. LG에너지솔루션, 삼성SDI, SK온은 NCM 배터리(니켈·코발트·망간)를 앞세워 고성능 전기차 배터리 시장을 선도했다. 특히 LG에너지솔루션은 2022년 상장 당시 시가총액 100조 원을 돌파하며, SK하이닉스를 제치고 코스피 2위에 올랐다. 상장일 주가는 30만 원을 넘었고, 개인 투자자들의 관심은 폭발적이었다. LG에너지솔루션을 청약받기 위해서 증권사에는 긴 줄이 늘어섰고, 청약 증거금은 하루만에 32조 원을 돌파하며 그야말로 초대박을 쳤다.

그러나 중국은 LFP(리튬인산철) 배터리를 선택했다. LFP 배터리는 에너지 밀도는 낮지만, 가격이 싸고 열 안정성이 뛰어나며, 원재료 수급도 용이하다. 중국 정부는 LFP 중심의 배터리 생태계를 밀어붙였고, CATL과 BYD는 가성비 배터리를 앞세워 테슬라, 현대차, 르노, 스텔란티스 등에 납품을 시작했다. 테슬라는 아예 LFP 채택을 공식화했다.

결과는 실적으로 나타났다. LG에너지솔루션은 2023년 연간 영업이익 2조 2,000억 원에서 2024년 5,754억 원으로 73% 이상 감소하며 치명상을 입었다. 2023년 60만 원을 돌파했던 주가가 2025년에는 30만 원대로 주저앉았다. 문제는 잘나가던 시절에 결정한 생산설비 확장이었다. 2025년 9월에는 6조 원을 투자해 미국 조지아 주에 짓던 현대차와의 전기차 배터리 합작공장 건설 현장에서 직원들이 대규모로 체포되며 양산 일정이 불투명해졌다. 가뜩이나 NCM 배터리의 전 세계 점유율이 낮아지고 있는데, 북미 주요 생산시설의 양산마저 불투명해지며 불확실성이 가중되었다.

에코프로비엠은 2차전지 테마의 수혜주였다. 2023년 50만 원을 넘었던 주가는 2025년엔 10만 원대 초반까지 5분의 1 토막이 나며 주저앉았다. 배터리 관련 주는 기술보다 단가 경쟁과 수요 예측 실패, 원재료 리스크에 더 크게 흔들리는 시장임이 증명됐다.

■ **LG에너지솔루션 주가 차트(2023년 1월~2025년 9월)**

■ **에코프로비엠 주가 차트(2023년 4월~2025년 9월)**

석유화학 - 단가 경쟁의 끝은 마이너스 마진

한국 석유화학 산업의 전통 강자인 롯데케미칼, LG화학, 금호석유는 수십 년간 글로벌 범용 화학소재 시장을 주도했다. 하지만 2017년 이후 중국이 석유화학 플랜트를 대규모 증설하면서 상황은 급변했다. 중국은 PP(폴리프로필렌), PE(폴리에틸렌) 등 범용 제품을 덤핑에 가까운 가격으로 공급하기 시작했고, 2022년 이후 한국 석유화학 업계는 원가 이하의 시세에서 출혈 경쟁을 시작했다.

특히 롯데케미칼은 2024년에 영업손실 9,000억 원을 기록하며 주저앉았다. 2018년 40만 원대를 기록했던 주가는 2025년 6만 원대로 80% 이상 하락했다. 한때 영업이익이 1조 원을 돌파하고 직원 평균 연봉 1위를 기록하며 '신의 직장'으로 불렸던 여천 NCC는 2025년 부도 위기까지 맞으며 바람 앞의 촛불과 같은 신세가 되었다. 이윤이 사라진 산업에 남은 것은 재고와 적자뿐이었다.

디스플레이 - 한때 세계 1위였던 LG디스플레이의 몰락

디스플레이 산업은 한때 한국의 자부심이었다. LG디스플레이와 삼성디스플레이는 TV, 스마트폰, 모니터 등에서 LCD 패널을 독점하다시피 공급했고, LG디스플레이는 2010년대 초반 세계 LCD 시장 점유율 1위, 주가는 2007년 5만 원대 중반까지 상승한 적이 있다.

■ **롯데케미칼 주가 차트(2017~2025년)**

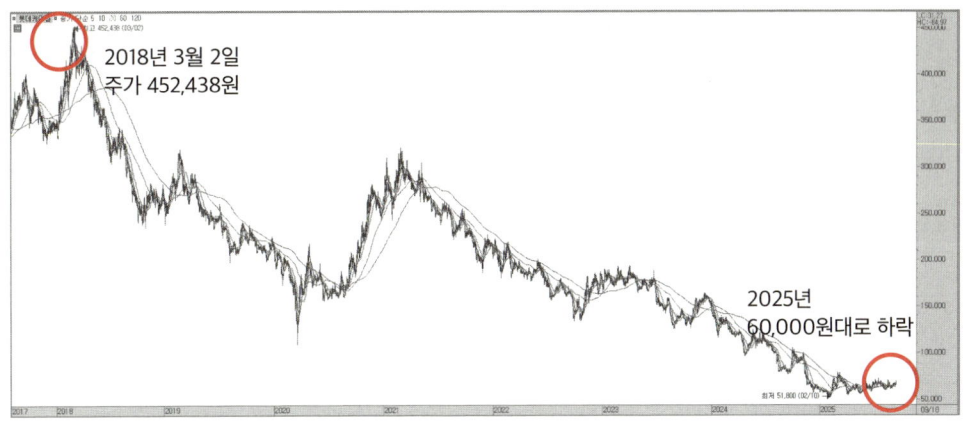

■ **LG디스플레이 주가 차트(2006~2025년)**

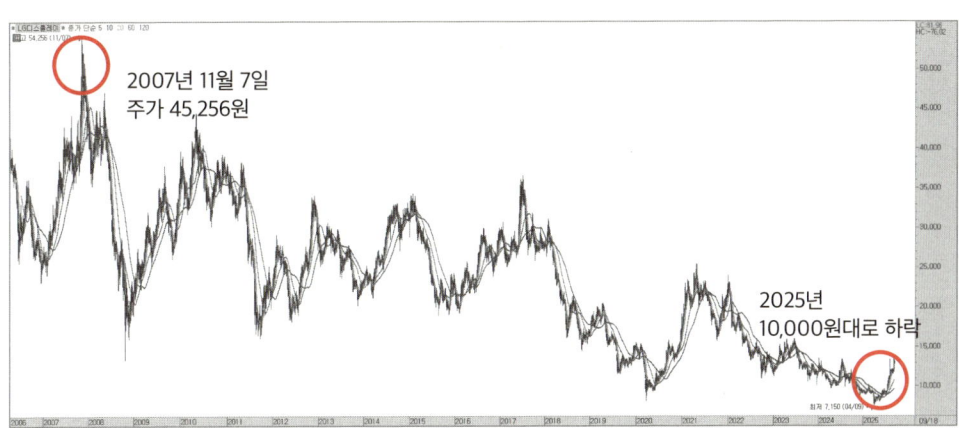

그러나 BOE, CSOT, TCL 같은 중국 기업들이 LCD 설비 증설에 수십 조 원을 쏟아붓기 시작했다. 단가를 무너뜨리면서 한국 업체들을 퇴출시킨 후 시장을 완전히 장악했다.

한국은 OLED로 전환했지만, 그마저도 중국이 빠르게 추격했다. 결과는 참담했다. LG디스플레이는 2022년 영업손실 9,000억 원을 기록했고, 그 뒤로도 연속으로 적자를 기록 중이다. 수천 명이 구조조정되었고, 중국 광저우 공장 등에서는 감산이 이어졌다. LG디스플레이의 2025년 주가는 1만 원대 초반에 불과하다. 한때의 자부심은 지속적인 공급 과잉과 중국발 가격 붕괴에 의해 산산조각 났다.

이 모든 산업의 공통점은 단 하나다. 한국이 기술로 주도한 산업에서, 중국은 가격과 물량으로 판을 갈아엎었다. 수익성이 무너지고, 마진이 증발하고, 결국 한국 기업은 '탈출'하거나 '적자 구조에 안착'하게 되었다. 이것은 우연이 아니다. 산업 하나가 죽는 데는 단 하나의 패턴이 있다. 중국이 들어오고, 가격이 무너지고, 한국이 밀린다. 이 구조는 앞으로도 반복될 것이다. 단언컨대, 중국과 경쟁하는 산업은 이미 끝난 게임이다.

한국 인재가
의대로 갈 때,
중국 인재는
공대로 간다

03

세상에서 가장 무서운 전쟁은 전장에서 벌어지지 않는다. 교실에서 벌어진다. 그 나라의 인재가 어디로 향하는지를 보면 10년 뒤 그 나라가 어떤 산업에서 승자가 될지를 알 수 있다. 그리고 20년 뒤, 그 결과는 수치로 나타난다. 수출 통계, 시장 점유율, 특허 수, 시가총액, 그리고 주가.

지금 한국의 최상위권 인재는 어디로 가는가? 의대다. 의대, 치대, 한의대. 2024년 기준, 서울대 자연계 최상위권 수험생의 80% 이상이 의대를 1지망으로 지원한다. 의사 국가고시 합격률은 95%를 넘고, 의사 면허만 따면 연봉은 2~3억 원이 넘는다. 경쟁은 치열하지만, 진입만 하면 평생이 보장된다. 본인도 좋지만 가족도 반기고, 사회에서도 부러워한다. 한국에서 가장 똑똑한 아이들은 지금 의사라는 '안정된 생존의 길'을 선택하고 있다.

그렇다면 중국은 어떨까? 최상위권 인재들은 의대를 가지 않는다. 물론 의대를 가는 아이들도 가지만, 중국 정부는 수십 년 전부터 최상위권 인재가 '공학과 기술'로 향하도록 유도했다. 칭화대, 베이징대, 저장대, 화중과기대 같은 공대 중심 대학에 국가급 인재를 몰아주고, 이공계 장학금, 병역 면제, 정부 연구소 취업 연계, 심지어 정치 승진의 우선권까지 제공했다. 중국에서는 엔지니어가 장관이 되고, 로봇공학 박사가 기업의 CEO가 되며, AI 박사가 당의 핵심 전략 자문단에 들어간다. 기술자가 국가 전략의 선봉이다.

반면 한국은 어떤가? 기업에서는 아무리 뛰어나도 '세습'이라는 거대한 벽에 막힌다. 아무리 열심히 노력해도 어차피 다음 오너는 현재 오너의 아들이 될 것이다. 정치권에서는 비례대표로 구색 맞추기에 불과한 몇 석을 차지하고 있을 뿐이다. 그들의 존재감은 없다. 공무원 사회에서는 실력보다는 연공서열이 우선이다.

이 차이는 생각보다 무섭다. 한국이 '가장 똑똑한 사람이 돈을 잘 버는 길'을 택하도록 방치했다면, 중국은 '가장 똑똑한 사람이 국가를 위해 기술을 개발하도록 설계'했다. 그 결과는 20년 뒤, 한국의 개원의 수 증가와 중국의 특허 수 증가로 나타났다.

2023년 기준, 중국은 PCT(국제특허) 출원국 1위다. AI, 배터리, 반도체, 로봇, 통신, 항공우주 등 미래 산업의 핵심 분야에서 논문, 석·박사, 등록 특허, 국제 표준 특허 점유율 등 모든 것이 미국과 어깨를 나란히 하거나 이미 추월했다. 이것은 단기간에 기술 분야로 인재가 쏠렸다는 의미고, 그 쏠림이 이제는 구조적으로 자리 잡았다는 증거다.

그렇다면 한국은 어떨까? 한 해 의사 국가고시 합격자는 3,500명이 넘는다. 하지만, 서울대 공대는 자퇴생이 넘쳐나고, 학과마다 정원이 미달되는 현상이 반복된다. 한때 모두가 선망했던 '서울대'라는 타이틀은 이제 무의미하다. 서울대를 합격해도 재수해서 의대를 가는 학생이 부지기수다. 그러는 동안 반도체, 배터리, 전자산업은 '사람을 구하지 못해서' 줄어든다. '공장'이 아니라 '두뇌'가 부족한 것이다.

이건 단순한 문화 차이도, 일시적인 사회 분위기도 아니다. 국가 전략의 실패다. 그 실패는 결국 기업의 기술력 부재, 경쟁력 후퇴, 산업의 몰락으로 이어진다. 중국이 기술로 시장을 잠식하는 동안, 한국은 사교육 시장이 GDP의 5%를 차지하는 나라가 되었다. 수출보다 수능이 더 중요하고, 기술 발전보다 입시 결과가 더 화제가 된다.

결국 이 싸움은 국가의 에너지 분배 전쟁이다. 가장 똑똑한 자들을 어디에 배치할 것인가. 중국은 '국가 기술력'이라는 탱크에 연료를 채웠고, 한국은 '개인 생존'이라는 오토바이에 휘발유를 채웠다. 어느 쪽이 더 먼 길을 갈 수 있을지는 너무도 뻔히 보이는 결말이다.

그러니 투자자는 알아야 한다. 기업은 결국 사람이 만든다. 그리고 그 기업이 속한 나라의 인재 구조를 보면, 그 기업의 미래를 알 수 있다. 한국 기업은 이공계의 씨가 마른 나라에서 버텨내고 있다. 중국 기업은 이공계 인재로 가득한 나라에서 속도를 내고 있다.

예전에는 전혀 달랐다. 한국이 1980년대와 1990년대, 산업화와 수출을 통해 고도성장을 이룰 수 있었던 근본적인 이유는 최상위권 인재들이 자연대나 공대에 갔기 때문이다. 서울대 수석은 물리학과에 들어갔고, 공과대 수재들은 반도체, 전자, 기계, 재료공학을 선택했다. 당시엔 돈보다 기술, 개인보다 산업, 생존보다 도전을 더 큰 가치로 여겼다. 그들이 삼성전자에 입사했고, 현대차 연구소에 들어갔고, SK하이닉스 반도체 라인을 설계했다. 그들은 대졸 엔지니어에서 시작해 임원이 되었고, 그들이 발전시킨 기술이 한국 기업의 경쟁력을 만들었다.

즉, 그 시절의 한국은 '좋은 기업은 좋은 인재가 만든다'는 정석이 통했던 나라였다. 그리고 그 '좋은 인재'가 기업으로 모였기 때문에 한국은 일본과의 기술 경쟁에서도 살아남았고, 선진국 대비 인프라 부족과 자본 부족이라는 단점을 '인재의 질'로 극복할 수 있었던 것이다. 그게 바로 한국 산업화의 진짜 비밀병기였다. 수출로 먹고사는 나라의 수출을 가능케 한 건 '기업'이었고, 그 기업을 지탱한 건 '공대 출신의 우수한 인재'들이었다.

하지만 지금은 구조가 바뀌었다. 지금은 1등부터 3,000등까지 의대로 간다. 기업은 더 이상 1등을 뽑을 수 없다. 연구소는 상위권이 아닌 중위권 인재들로 채워지고, R&D의 깊이와 지속성, 리더십과 전략이 예전 같지 않다. 아무리 대기업이라 해도 우수한 인재 없이 기술에서 승리할 수는 없다. 기술은 사람이 만든다. 기술이 없어서가 아니라 그 기술을 개발할 사람이 없기 때문에 한국의 미래 산업이 흔들리는 것이다.

문제는 이 흐름이 되돌릴 수 없을 만큼 고착화됐다는 점이다. 의대를 가는 것이 사회적으로 '성공'이라 여겨지고, 이공계를 가는 것이 '위험한 선택'이 되어버린 구조에서 개인의 선택을 비난할 수는 없다. 그러나 그 대가를 누가 치르는가? 기업이다. 산업이다. 국가다. 그리고 결국은 주주다.

주가는 그런 국가 구조를 먼저 알아차린다. 기술력이 무너지고, 신제품이 늦어지고, 원천 특허가 줄고, R&D의 효율이 떨어질수록 시장은 기업의 미래에 의문을 품는다. 그건 기술이 퇴보해서가 아니라, 기술을 만들던 사람이 사라졌기 때문이다.

중국은 다르다. 중국은 지금도 '우수한 인재=기술자'라는 공식이 작동하는 나라. 칭화대, 저장대, 화중과기대에 중국의 1% 인재들이 몰리고, 그들은 국가의 기술 목표를 위해 전략적으로 배치된다. 중국 기업은 인재를 고르고, 한국 기업은 남은 인재를 뽑는다. 이 싸움에서 기술 경쟁력이 유지되길 바라는 것은 순진한 낙관일 뿐이다.

1계명의 메시지는 단순하지만 가볍지 않다.

"중국과 경쟁하는 기업을 사지 마라."

그렇다면 중국과 경쟁하지 않는 산업은 어떤 것들일까? 반도체, 조선(LNG 운반선), 엔터테인먼트, 미국 내 원전 관련, 그리고 방위 산업이 그 예다.

수익률 높이는 종목 선택법

제2계명

총수가 감옥에 갔다 온 회사를 사지 마라

최근에 총수가 수감됐던 기업 리스트

전과자는 싫어하면서 재벌 총수는 용서하는 나라

01
—

우리는 전과자를 싫어한다. 누군가 한 번이라도 형을 선고받은 전과가 있다는 걸 알게 되면 '그런 사람인 줄 몰랐다'며 관계를 끊는다. 기업에서는 채용을 하지 않고, 사업 파트너로도 기피한다. 공무원, 교사, 공기업 직원, 금융기관 종사자, 의료인, 방송인… 웬만한 직업 세계에서 전과가 생긴다면 생계가 끊긴다고 봐야한다.

특히 연예인 전과자는 더 이상 복귀가 불가능한 수준으로 매장된다. 대마초나 필로폰 같은 마약 전과가 생기면 수년이 지나도 광고 출연은커녕 방송 복귀조차 불가능하다. 도박 전과도 마찬가지다. 인터넷 도박, 원정 도박, 승부 조작 한 번으로 평생의 커리어가 날아가기도 한다. 누군가 슬그머니 복귀라도 시도한다면, 온라인 세계에선 악플로 도배된다.

'전과자 미화하지 마세요.'

'그딴 놈이 방송에 왜 나오죠?'

'한번 범죄자는 평생 범죄자죠.'

그렇다. 한국 사회는 전과자에게 기회를 주지 않으려 한다. 그런데 놀라운 일은 사람에 따라서 적용 기준이 달라지기도 한다는 것이다. 그 기준을 적용받지 않는 대상자는 바로 재벌 총수들이다. 횡령과 배임으로 수천억 원, 뇌물로 받은 수백억 원으로 법원에서 유죄를 받은 명백한 전과자. 그것도 마약과 같은 개인 일탈이 아니라 주주들에게 실질적 피해를 입힌 죄목을 가진 그들은 실형 선고를 받고 교도소에 다녀와도 1~2년 만에 그룹 회장으로 복귀한다. 경영 일선에 앉고, 신사업을 진두지휘하며, 심지어는 세습까지 준비한다. 언론에선 그들이 내리는 결정을 '회장님의 통찰'이라며 연신 찬양한다. 그 구조가 얼마나 세계적으로도 유례가 없는지 '재벌'을 영어로 'chaebol'이라고 부른다. 어떤 영어 단어로도 번역이 안 되는 존재이기 때문이다.

이건 단순한 모순이 아니다. 국가적 이중성의 총체다. 전과자는 범죄자지만, 재벌은 성공한 범죄자이기에 용서받는다. 다시 말해, 돈이 많으면 범죄도 용서된다. 연예인이 마약하면 '국민 정서에 어긋난다'고 퇴출시키면서, 재벌 총수가 회삿돈을 수천억 원씩 빼돌려도 '경영 공백이 우려된다'며 집행유예를 준다. 연예인은 벌금형 하나만 받아도 '인성' 문제로 다루어지지만, 재벌은 실형을 선고받고도

'경영권 유지 능력'으로 존중받는다. 이건 단순한 차별이 아니라 우리의 무의식 속에 뿌리내린 굽신거림의 문화다.

한국 사람들은 돈 앞에 약하다. 돈 앞에서라면 도덕을 후퇴시키고, 법을 멈추고, 존경도 만들 수 있다. 이것은 어제오늘의 일이 아니다. 일제강점기 때도 그랬다. 친일파가 민족을 배신하고 일본 경찰로 일하며 독립운동가를 고문했어도, 그 후손은 대기업을 세우고 정계와 재계를 장악했다. 왜? 그들은 똑똑했고, 무엇보다 돈이 있었기 때문이다. 한국 사회는 그 돈을 존경했고, 그들의 친일 행적을 외면했다. 그 전통은 지금까지도 이어지고 있다.

"기업 총수님이 계셔야 나라 경제가 돌아가지 않겠습니까?"

이 한 마디에 모든 게 무력화된다. 그래서 한국의 전통은 단순하다. 가난한 전과자는 천한 존재이지만, 돈이 많은 전과자는 영웅이 된다. 시민의식도, 언론도, 정당도 결국엔 그 힘 앞에 무릎을 꿇는다. 평범한 사람이 병역을 기피하면 평생 비겁하다는 낙인이 찍히는데, 재벌 총수가 뇌물을 주고 감옥에 다녀와도 "그래도 회장님 아니면 누가 하겠냐."는 말이 따라붙는다. 국민 정서는 국민이 아니라 돈이 만드는 것이다.

미국에선 기업 CEO가 스캔들에 연루되면 바로 사퇴하거나 기업 이사회가 그를 해임하며, 주주는 손해배상을 청구한다. 일본에선 경영자가 경범죄로 조사를 받기만 해도 "회사에 누를 끼쳤다."며 자진 사퇴한다. 그게 글로벌 스탠더드다. 하지만 한국은 반대다. 그래서 외국인 투자자의 입장에서는 범죄를 저지른 기업의 총수가 감옥에 가는 것이 호재요, 출소하고 경영에 복귀하는 것이 악재다.

이쯤 되면 이건 문화도 아니고, 단순한 이상도 아니다. 투자자 집단 전체가 감정적으로 포섭되어 있다는 뜻이다. 논리가 아닌 종속, 분석이 아닌 숭배. 이건 시장이 아니라 신앙이다. 이 책에서 내가 경고하는 건 바로 그것이다.

"총수가 감옥에 갔다 와서 복귀한 회사는 사지 마라."

우리는 전과자를 왜 싫어하는가? 바로 '재범의 가능성' 때문이다. 성범죄자들에게 전자발찌를 부착하고 관리하는 것도 같은 이유에서이다. 전과자가 또 범죄를 저지를까 봐 무서워하고 피하는 것이다. 사실 지금까지 범죄를 한 번도 저지르지 않은 사람도 얼마든지 범죄를 저지를 수 있지만, 사회에서는 전과자를 잠재적인 범죄자로 본다.

그렇다면 횡령·배임·뇌물 등의 범죄로 감옥에 갔다 온 총수가 있는 기업과 아무런 전과가 없는 총수가 있는 기업 중에서 외국인 투자자들은 어디를 더 선호할까? 생각하지 않아도 쉽게 답을 찾을 수 있을 것이다. 물론 시간이 한참 흐른 뒤에는 그런 영향도 희미해지겠지만, 석방 이후는 특히 조심해야 하는 구간이다. 왜 전과자와는 밥도 먹지 않고, 대화도 하지 않고, 연애와 결혼을 생각지도 않으면서 당신이 번 소중한 돈을 전과자가 총수로 있는 기업에 투자하려고 하는가? 그것은 당신이 이중적인 잣대를 가지고 있기 때문인데, 글로벌 시장에서는 전혀 통하지 않는 기준이다.

재벌 총수의
수감·출소 전후
주가의 변동

02

여기까지 읽은 독자는 이렇게 반문할지도 모른다.

"아니, 그래도 기업 총수가 감옥에 가면 불확실성이 커지면서 주가가 흔들리는 거 아닌가? 그동안 그룹의 모든 의사결정을 했던 사람이 갑자기 사라지면 경영 공백이 생기면서 불안감이 커질 것 같은데……."

또는 이렇게 말할지도 모른다.

"그래도 총수가 감옥에서 나와서 경영에 복귀하면 확실한 리더십이 생기니까 안정성이 생기는 게 아닌가?"라고 말이다.

그래서 앞서 소개한 각 케이스별로 재벌 총수의 수감·출소 전후 주가 추이를 상세하게 살펴보고자 한다.

삼성 이재용

삼성전자 이재용 회장이 처음 수감된 날은 2017년 2월 17일이다. 그날의 삼성전자 주가는 3만 7,860원이었다. 그리고 이재용 회장이 출소한 2018년 2월 5일의 삼성전자 주가는 4만 7,920원이었다. 단순히 수감일부터 출소일까지의 주가 상승률을 계산하면 약 27%다. 그런데 그게 다가 아니다. 수감기간 중간인 2017년 11월에는 삼성전자 주가가 5만 7,000원을 뚫고 올라가기도 했다. 이재용 회장이 감옥에 간 지 9개월 만에 무려 50%가 넘게 폭등한 것이다.

이재용의 출소 뒤 삼성전자 주가는 어떻게 됐을까? 출소일인 2018년 2월 5일 4만 7,920원이었던 주가는 2019년 1월에 3만 7,000원대로 폭삭 주저앉았다. 수감될 때의 주가보다 더 내려간 것이다.

■ 삼성전자 주가 차트(2017년 2월~2019년 1월)

SK 최태원

SK 최태원 회장이 수감된 날은 2013년 1월 31일이다. 이날 SK 주가는 10만 3,500원이었다. 최태원 회장이 출소한 2015년 8월 14일의 SK 주가는 31만 500원이었다. 수감 기간 동안 무려 200%가 올랐다. 그렇다면 최태원 회장의 출소 뒤 SK 주가는 어떻게 됐을까? 출소일 당시 31만 500원이었던 주가는 10일 후인 2015년 8월 25일에 23만 4,000원까지 하락한다. 10일 만에 무려 25%가 하락했다. 이것은 일시적인 하락이었을까? SK 주가는 약 1년 뒤인 2016년 7월에 20만 원선이 깨지게 된다. 1년 만에 주가 하락률이 35%에 달했다.

한화 김승연

한화 김승연 회장의 수감일은 2012년 8월 16일이었다. 이날 한화의 주가는 2만 9,821원이었다. 출소일인 2014년 2월 11일의 주가는 3만 4,242원이었다. 단순히 수감일과 출소일의 주가를 비교하면 약 15%가 상승했다. 수감기간 중간인 2013년 10월 주가는 4만 원을 돌파하며 치솟기도 했다. 수감 1년 만에 주가가 30% 넘게 오른 것이다. 그렇다면 출소 이후 한화의 주가는 어땠을까? 출소 4개월 뒤인 2014년 6월 한화의 주가는 2만 4,000원선이 붕괴되고 만다. 4개월 만에 주가가 30% 이상 추락한 것이다.

■ **SK 주가 차트**(2013년 1월~2016년 7월)

■ **한화 주가 차트**(2012년 8월~2014년 7월)

CJ 이재현

　CJ 이재현 회장의 수감일은 2013년 7월 1일이다. 당시 CJ의 주가는 11만 327원이었다. 그가 출소한 2016년 8월 12일의 주가는 18만 9,536원이었다. 단순히 수감일과 출소일의 주가 상승률을 계산하면 72%이다. 이것도 대단한 상승이지만 수감기간 중간인 2015년 8월의 주가는 더 놀랍다. 2015년 8월 CJ의 주가는 30만 원을 돌파하면서 이재현 회장 수감 2년 만에 180%라는 엄청난 수익률을 기록했다. 그렇다면 이재현 회장 출소 이후 주가는 어떻게 됐을까? 출소 후 2년이 지난 2018년 10월, CJ 주가는 10만 원선이 깨진다. 거의 반토막이 난 셈이다.

롯데 신동빈

　롯데 신동빈 회장의 수감일은 2018년 2월 13일이다. 당시 롯데지주의 주가는 6만 6,400원이었다. 출소일인 2018년 10월 5일의 롯데지주 주가는 5만 6,000원이었다. 롯데는 유일하게 회장의 수감기간 동안 주가가 떨어진 그룹이다. 그렇다면 신동빈 회장 출소 이후 롯데지주는 어떻게 됐을까? 출소 후 1년도 지나지 않은 2019년 8월, 롯데지주 주가는 3만 원선이 붕괴된다. 1년도 안 된 기간 동안 47%가 하락한 것이다.

■ **CJ 주가 차트(2013년 7월~2018년 10월)**

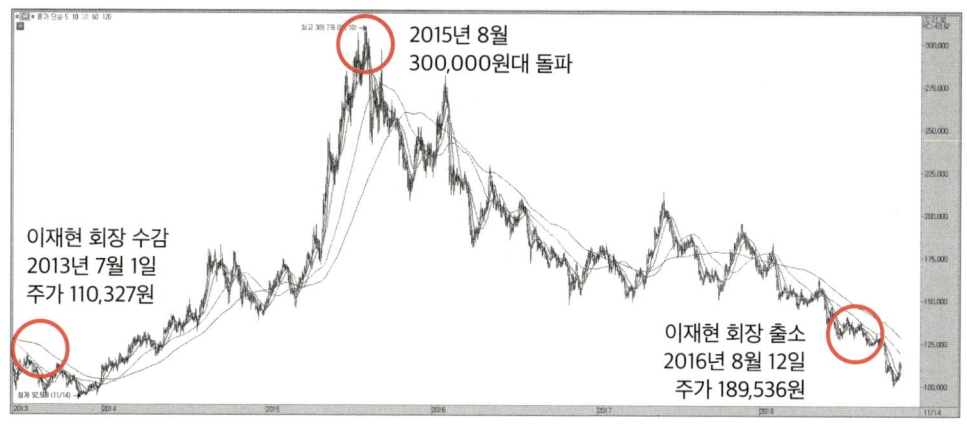

■ **롯데지주 주가 차트(2018년 2월~2019년 8월)**

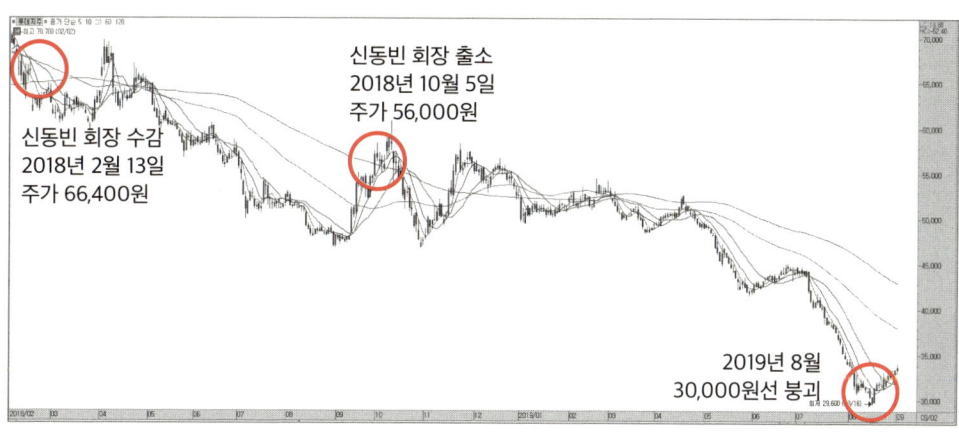

제2계명. 총수가 감옥에 갔다 온 회사를 사지 마라

지금까지의 케이스를 살펴보면, 회장이 수감된 이후 삼성전자, SK, 한화, CJ 모두 지주사의 주가가 상승세를 보였고 롯데만 유일하게 하락했다. 그리고 출소 이후는 5개 그룹 모두 예외 없이 주가가 크게 하락했다. 글로벌 금융위기 같은 특정한 악재가 있지 않았냐고? 이들이 글로벌 호황기 직전에 우르르 수감됐다가 금융위기 직전에 한꺼번에 풀려났다면 몰라도 이들의 수감과 출소 시기는 제각각 다르기 때문에 그것은 말이 안 된다. 수감 연도를 살펴보면 각각 2012년, 2013년, 2017년, 2018년으로 시기가 전혀 다르다. 출소 연도도 2014년, 2015년, 2016년, 2018년으로 공통점을 찾을 수 없다. 즉 시간대가 넓게 퍼져있어 단순히 타이밍이 안 좋았다는 설명이 통하지 않는다.

그렇다면 도대체 왜 이런 현상이 반복되었는가? 그 이유는 다음과 같이 살펴볼 수 있다.

1. 총수가 없는 것이 오히려 불확실성을 줄인다 - '리스크 해소'의 논리

외국인 투자자나 기관 입장에서는 총수 개인이 배임·횡령·뇌물 등으로 계속해서 사법 리스크를 일으키는 상황을 기업의 가장 큰 불확실성으로 여긴다. 하지만 총수가 수감되었다는 것은 불확실성이 제거되었다는 것을 의미한다. 더 이상의 수사나 기소, 언론 보도, 정치적 잡음 등이 일어나지 않을 것이기 때문이다. 그래서 총수가 자리를 비운 동안 오히려 전문경영인 체제가 작동하고, 기업의 시스템과 실적에만 집중하는 구조가 만들어져서 오히려 외국인 투자자들은 '이제야 안심하고 투자할 수 있겠다'는 신호로 받아들인다. 실제로 외국인 순매수가 급격히 늘어나는 경우가 많다. 결국 총수의 감옥행은 썩은 부위를 도려낸 수술과도 같다. 환자는 고통스럽지만, 투자자는 회복을 기대하며 박수를 보낸다.

2. 출소하면 다시 '내가 회장이다' - 지배 구조 복귀가 오히려 리스크

출소한 재벌 총수가 다시 경영에 복귀하면, 투자자들은 과거와 같은 리스크가 재발할 수 있다는 불안을 가진다. 특히 '국정 농단', '사익 편취', '횡령' 등의 죄목으로 수감되었던 인물이 다시 회사의 경영권을 갖는다는 것은, 기업 지배구조의 실패를 그대로 방치한다는 선언이나 마찬가지다. 결국 출소는 '그 사람이 다시 문제를 일으킬 수 있다'는 사실을 상기시키는 신호에 불과하다. 그래서 투자자들은 그 가능성에 대해 프리미엄이 아닌 디스카운트를 적용한다. 다시 말해, 출소를 '복귀'가 아닌 '경고'로 받아들이는 셈이다.

3. 총수 없는 기업이 오히려 잘 돌아간다는 실증적 경험

앞선 사례에서 본 것처럼 삼성전자, SK, CJ, 롯데, 모두 총수가 없을 때 실적이 더 좋거나 주가가 잘 올랐다. 이는 단순히 시장이 반응하는 게 아니라, 실제로 총수 없는 체제가 더 안정적이고 합리적이었다는 것을 보여준다. 한국 재벌의 경영은 종종 '사익 추구', '정치 연계', '권력형 의사결정'으로 오염된다. 반면 총수가 구속되면 그런 변수들이 사라지고, 경영진은 시장과 실적에만 집중하게 된다. 투자자 입장에서 이것이야말로 가장 바람직한 시나리오다. 고삐 풀린 마차보다, 운전자가 없는 자율주행차가 더 안정적으로 달릴 수 있다는 걸 시장은 학습해 온 것이다.

우리는 이런 현실을 정면으로 바라봐야 한다. 총수가 수감되면 주가가 오르고, 출소하면 떨어지는 이유는 간단하다. 기업 시스템이 개인보다 낫다는 것을 시장은 알고 있기 때문이다. 그럼에도 불구하고, 수많은 언론과 이사회, 그리고 한국 사회 전체는 그들이 다시 돌아오는 것을 아무렇지 않게 받아들인다. 하지만 투자자라면 달라야 한다. 감옥에 갔다 온 총수가 있는 종목은 절대 사지 마라. 과거는 반복되기 마련이고, 그 반복의 대가는 결국 당신의 투자금으로 치르게 될 것이다.

그렇다고 총수가 감옥에 갔다 온 회사의 주식은 평생 사면 안 되는 걸까? 각 그룹의 회장들이 출소한 지 7~10년이 지난 지금도 사지 말아야 하는 건가? 그건 아니다. 이제는 시장이 이들을 완전히 신뢰하고 있다.

전과자가 취업을 했는데 아무런 사고도 치지 않고 성실하게 10년을 일했다면, 직장 동료나 상사들은 그를 인정하는 동시에 다시는 범죄를 저지르지 않을 것이라고 믿게 된다. 기업 총수도 마찬가지다. 출소 직후에는 시장의 믿음을 얻지 못해서 주가가 크게 하락했지만, 이제는 아무런 문제없이 경영한 지 오래되었기 때문에 또 이전과 같은 짓을 하지 않을 거라는 믿음이 생겼다. SK는 SK하이닉스가 엔비디아에 HBM을 독점 납품하면서 대박을 쳤고, 한화는 방산·조선 분야에서 탁월한 실적을 거두며 훨훨 날았다. CJ는 '올리브영' 덕분에 지분 가치가 크게 상승했다. 이처럼 일정 기간이 지나면 오너 리스크는 사라진다. 그 기간은 대개 1~2년 정도이다. 즉 2계명을 정확하게 쓴다면 다음과 같다.

"2년 이내에 총수가 감옥에 갔다 온 기업의 주식은 사지 마라."

수익률 높이는 종목 선택법

제3계명

장기투자라면 코스닥을 쳐다보지도 마라

PER이 마이너스이거나 높은 코스닥 기업 리스트

나스닥은 혁신, 코스닥은 착시

01

장기투자는 기본적으로 시간과 신뢰의 게임이다. 시간이 길어질수록 기업의 실체가 드러나고, 그 기업이 가진 진짜 역량과 약점이 투자자에게 수익 혹은 손실이라는 형태로 되돌아오기 때문이다. 그래서 장기투자는 결국 '좋은 기업'을 가려내는 싸움이 된다.

문제는 '좋은 기업'이 코스닥에는 드물다는 것이다. 왜냐면 코스닥이라는 시장 자체가 착시로 움직이기 때문이다. 코스닥의 기업들은 스토리텔링에는 능하지만, 실적을 보여주는 데는 굉장히 인색하다. 투자자들의 기대감을 부풀려 한순간 급등하는 것은 가능하지만, 그 기대를 현실로 증명하는 데는 실패하는 경우가 훨씬 많다. 그리고 이 구조는 일회성이 아니라 코스닥이라는 시장의 태생적 구조에서 비롯된 것이다.

반면 나스닥은 다르다. 나스닥의 기술주는 실적과 혁신으로 증명한 기업들이 주를 이룬다. 구글, 아마존, 애플, 엔비디아, 마이크로소프트. 이들은 모두 지속적인 연구개발 투자와 시장 점유율 확대를 통해 눈에 보이는 숫자를 만들어냈다. '기대감'이 아니라 '결과'로 승부한다. 특히 이들 기업은 이야기가 요란하지 않고 실제로 이익을 내고 있다. 매년 수조 원의 순이익을 쌓아가는 기업이기 때문에, 이들 주가는 희망이 아닌 현실이 반영된 결과이다.

그러나 한국의 코스닥 시장은 이야기가 현실보다 앞선다. 특히 바이오, 2차전지 소재, AI 솔루션, 로봇 같은 업종은 미래 기술이라는 기대감에 힘입어 단기 급등을 반복하지만, 장기적으로 보면 허상이 많다. 상장한 지 10년이 넘었는데도 매출은 정체 상태이고, 순이익은 적자인 기업이 수두룩하다. 이런 기업이 어떻게 장기투자의 대상이 될 수 있겠는가?

코스닥 시장은 '착시'로 먹고산다. 착시는 어떻게 만들어질까?

첫째, 실적보다는 테마다. 뉴스에 이름이 나오면 무조건 오른다. 예를 들어, 정부가 인공지능 관련 정책을 발표했다면, 실적이 하나도 없는 AI 관련주라도 수십 퍼센트씩 오른다. 이름에 'AI'만 들어있어도 오른다. 그리고 얼마 뒤에는 다시 빠진다. 이 패턴은 바이오에서도 반복된다. '임상 1상 성공'이라는 뉴스에 주가는 상한가를 간다. 하지만 그 성공은 의미 없는 전임상 수준일 수도 있고, 이후 2상, 3상에서 탈락하거나 허가를 받지 못해 결국 무의미한 결과로 끝나는 경우가 많다. 그럼에도 불구하고 희망적인 뉴스 한 줄에 투자자는 매혹되고, 그 기대는 다시 착시를 만든다.

둘째, 적자 기업의 천국이다. 코스닥은 상장 요건이 낮고, 기술특례 상장 같은 제도를 통해 적자 기업도 상장할 수 있다. 원래는 '미래'를 본다는 취지였지만, 실상은 '현재'가 부실한 기업들에게 기회를 주는 결과가 됐다. 코스닥에는 매년 수백억 원의 적자를 내는 회사들이 버젓이 상장되어 있고, 그중 일부는 시가총액 1조가 넘는다. 이게 말이 되는가? 이익을 내지 못하는 기업이 '미래 산업'이라는 이유 하나만으로 거대한 몸집을 갖게 되는 시장, 그게 바로 코스닥이다.

셋째, 기관과 외국인이 빠져있다. 장기투자는 개인이 아니라 기관과 외국인이 주도하는 것이 보통이다. 왜냐하면 이들은 정보력과 분석력을 바탕으로 수년 단위로 전략을 세우고 투자하기 때문이다. 그런데 코스닥 시장의 수급 주체는 대부분 개인이다. 외국인과 기관은 비중이 낮다. 왜일까? 그들이 코스닥을 믿지 않기 때문이다. 외국인은 코스피의 삼성전자나 현대차에는 수십조를 넣지만, 코스닥 기업에는 돈을 넣지 않는다. 왜? 믿을 수 없기 때문이다. 실적, 투명성, 경영진, 주주 환원 정책 등 모든 면에서 의심스럽기 때문이다. 이런 시장에서 장기투자가 가능할까?

특히 바이오 업종은 코스닥 착시의 정점이다. 바이오주는 언제나 '임상 성공'이라는 기대감을 먹고산다. 하지만 투자자들이 놓치기 쉬운 게 있다. 임상시험은 1상, 2상, 3상이라는 단계가 있고, 그걸 통과한다고 끝이 아니다. 허가 심사, 보험 등재, 생산 인프라 확보, 판로 확보까지 넘어야 할 산이 수두룩하다. 대부분의 코스닥 바이오 기업은 이 첫 번째 산조차 넘지 못한 회사들이다. 그럼에도 불구하고 '1상 성공'이라는 기사는 항상 상한가를 만든다. 문제는, 이 '1상'이라는 게 실제 치료 효과보다는 안전성 테스트일 뿐이라는 점이다. 사람에게 써봤더니 당장 죽지는 않더라, 이 정도 수준이다. 그런데 이걸 '임상 성공'이라고 포장하고, 언론은 그대로 받아쓴다. 이 모든 과정이 주가를 띄우기 위한 일종의 '연극'인 셈이다.

이런 착시의 반복은 순진한 개인 투자자들을 끌어들인다. 개인 투자자는 '지금 안 사면 늦는다', '이번에는 진짜다' 같은 말에 혹해 들어오지만, 대부분은 '추락'이라는 결과를 맞게 될 뿐이다. 대표적 사례가 헬릭스미스, 신라젠, 코오롱티슈진이다. 각각 유전자 치료제, 항암 백신, 관절염 치료제로 시장의 기대를 한몸에 받았던 종목들이지만, 임상 실패나 허가 반려, 회계 문제 등으로 한순간에 폭락했다. 심지어 거래 정지, 상장 폐지라는 극단적 결말까지 맞은 경우도 있다. 투자자 입장에서 보면, 이건 단순한 하락이 아니라 '절단'이다. 공시 하나로 주식이 멈추고, 매도도 못 하게 되는 시장. 그게 코스닥 바이오의 현실이다.

2차전지도 마찬가지다. 많은 투자자들이 '전기차 시대'를 말하며 2차전지 소재주에 투자했다. 그 기대는 분명 일리가 있었다. 문제는, 한국의 2차전지 기업들의 경쟁 상대가 바로 중국이라는 데 있다. 한국이 주력하는 NCM(니켈·코발트·망간) 배터리는 고성능이지만, 중국은 LFP(리튬인산철) 배터리를 채택하면서 가격과 안정성에서 우위를 점하고 있다. CATL, BYD 같은 중국 업체들이 글로벌 시장을 장악해 가는 사이, 에코프로비엠, 엘앤에프 같은 한국 기업들은 원재료 가격 폭등, 판가 하락, 수익성 저하의 삼중고를 겪었다.

특히 2023년 이후 양극재 수요가 줄어들고, 메탈 가격이 급락하면서 에코프로비엠 주가는 60만 원대에서 20만 원대로 폭락했다. 이는 단순한 조정이 아니다. 기업 실적이 꺾이고, 밸류에이션이 무너지고, 시장 지위 자체가 흔들리는 구조적 변화다. 게다가 에코프로의 경우, 계열사 간 순환 출자, 내부 거래, 시세 조종 논란까지 겹치면서 장기투자자들에게 참담한 결말을 안겨줬다. 한때 '에코 삼형제'라는 이름으로 개인 투자자들의 사랑을 받았던 종목들이 어떻게 수직 낙하했는지를 보면, 2차전지 역시 착시였다는 사실을 절감하게 된다.

AI는 어떨까? AI는 지금 가장 핫한 테마다. 특히 엔비디아의 폭등 이후, 한국 시장에서도 AI 관련 테마가 형성됐다. 하지만 한국의 AI주는 대부분 실체가 없다. AI 반도체를 만들지도, 생성형 AI를 개발하지도 않는다. 단지 'AI 솔루션'을 개발하고 있다는 수준이다. 대부분이 B2B 사업자이며, 정부 과제를 수주 받아 연구 용역을 진행하거나, 채팅 상담 기능 정도를 서비스하는 수준이다. 그런데 이들 기업의 시가총액이 수천억 원에 달한다. 이는 AI라는 단어 하나로 만들어진 착시의 총합이다.

더 큰 문제는, 이런 기업들이 매출과 이익을 전혀 못 내고 있다는 점이다. 대부분은 매출이 수십억 원대이지만, 순이익은 적자를 기록하고 있다. 나스닥의 엔비디아, 마이크로소프트, 팔란티어, 코히어

런트 같은 기업들과 비교해 보라. 그들은 매출은 수조, 수익은 수천억 단위다. 규모의 차원이 다르다. 그런데 한국에서는 매출 100억도 안 되는 AI 기업이 상한가를 치고 며칠 새 시가총액이 2배가 된다. 이게 코스닥의 현실이다.

정리하자면 이렇다. 바이오는 기대만 있고 실적은 없다. 2차전지는 실적은 있었지만 구조적으로 무너지고 있다. AI는 실체가 없는데도 주가는 있다. 이 세 가지는 모두 장기투자의 적이다. 단기 테마로 뛰어들어 차익을 실현할 수는 있겠지만, 시간을 두고 복리의 기적을 기대한다면 반드시 실패하게 되어 있다. 왜냐하면 이들은 숫자로 보답하지 않기 때문이다.

그러나 모든 코스닥이 나쁜 것은 아니다. 아주 소수이긴 하지만 세계 시장에서 인정받는 기업도 있다. 그중 대표적인 분야가 K뷰티, K컬처다. 한국의 화장품, 엔터테인먼트, 웹툰, 드라마 IP는 글로벌 경쟁력을 갖추고 있다. 이들은 단순한 기대주가 아니라 실제 해외 매출을 기반으로 실적을 개선 중이며, 중국산 저가 제품과도 차별화가 가능하다. 이런 기업은 장기적으로 살펴볼 가치가 있다. 그러나 이들도 소수일 뿐이며, 코스닥을 대표하지는 않는다.

코스닥은 장기투자를 위한 시장이 아니다. 그곳에는 꿈이 있지만 숫자가 없고, 기대는 있지만 책임은 없다. 상한가를 치면 팔고 도망가는 곳이지, 느긋하게 10년을 함께할 친구를 찾는 곳이 아니다. 장기투자를 하겠다면, 코스닥을 쳐다보지도 마라. 그건 투자가 아니라 도박이다.

PER만 높고 순익은 없는 기업들

02

PER(Price Earning Ratio), 즉 주가수익비율은 회사의 시가총액을 당기 순이익으로 나눈 값으로, 현재 주가가 고평가되어 있는가 저평가되어 있는가를 가늠하는 대표적인 지표다. 보통 PER이 높으면 '고평가'라고 부른다. 물론 적정 주가를 산출하는 기준이 PER 하나밖에 없는 것은 아니지만, 일단 여기서는 PER을 기준으로 살펴보자.

2025년을 기준으로 코스닥의 PER은 100배가 넘는다. 즉, 평균적으로 코스닥에 상장된 기업들이 100년 동안 벌어들인 돈이 시가총액과 같다는 뜻이다. 그렇다면 다른 나라 증시의 PER은 어떨까? 기술주 중심인 나스닥의 PER은 25~30배 수준이다. 단순히 숫자만 봐도 코스닥이 나스닥에 비해 3배 이상 고평가된 상태다.

더 놀라운 건, 이 기업들의 주가가 고평가 상태에서도 천정부지로 오른다는 점이다. 이것은 투자자가 미래를 사는 시장이라서 그런 게 아니다. 투자자가 착각을 사는 시장이기 때문에 벌어지는 일이다. 코스닥은 이른바 '스토리 시장'이다. 실적이나 수익성이 아닌 '앞으로 잘 될지도 모른다'는 이야기로 모든 것이 움직인다. '이 종목이 수소차에 들어 간다더라', '이 기업이 원석신료 시대에 뜰 거래', '이 기술이 AI 핵심 기술이래' 같은 풍문이 시장을 이끈다. 물론 이런 스토리가 현실이 되는 경우는 극히 드물다.

바이오 업종이 대표적이다. 임상 1상에 성공했다거나 FDA에서 희귀 의약품으로 지정됐다거나 같은 소문에 시가총액이 1조를 넘기도 한다. 그런데 실제로 이익을 낸 바이오 기업은 거의 없다. 대다수는 R&D 비용만 쏟아붓고 있고, 10년 넘게 매출조차 없는 기업도 많다. 마치 벤처캐피털 시장처럼, 오직 가능성과 기대감만으로 기업가치를 평가하는 식이다. 문제는 벤처캐피털은 초기에 투자하고 대박이 날 확률이 1%라는 걸 알지만, 일반 투자자들은 코스닥에서 그 1%가 본인이라 착각한다는 데 있다.

예를 들어보자. 2020년 무렵 코스닥 시총 상위권에 들었던 A바이오 기업은 '간암 치료제 임상 2상 진입'이라는 뉴스 하나로 주가가 3배나 뛰었다. 하지만 1년 뒤 해당 임상은 중단되었고, 회사는 그 뒤 수익 없이 신약 개발만 반복하며 주가를 반토막 냈다. 그런데 또 다른 신약 파이프라인 소식이 나오자 다시 주가가 오르기 시작했다. 아무 실적 없이도 주가가 오르는 이 괴상한 구조는, PER 없는 시장이 만들어낸 허상이다.

PER이 높은 건 차라리 낫다. 적어도 '수익'이 있다는 의미이기 때문이다. PER이 마이너스라는 건 수익이 없다는 것이고, 그럼에도 주가가 오른다면 그건 도박에 가깝다. 여기서 중요한 건, PER은 실적이 있기에 존재하는 것이고, 실적은 허상이 아니라 '이미 벌어진 일'이라는 점이다. 실적이 있는 기업은 주가가 떨어져도 다시 올라갈 근거가 있다. 하지만 실적이 없는 기업은 기대감이 꺼지는 순간, 주가는 끝없이 추락한다.

이런 구조에서 개인 투자자들이 가장 많이 물리는 구간은 'PER이 마이너스지만 스토리가 있는 기업'이다. 그들은 항상 '이번엔 다를 거야'라는 환상을 가지고 돈을 집어넣는다. 마치 매번 변하는 테마주 순환매에 올라타며 '이번엔 내가 먼저 탔으니 괜찮아'라고 자기최면을 거는 것처럼. 하지만 PER이 없는 기업들은 거품이 꺼지고 나면 본질이 드러난다. 아무것도 없다는 것.

한국의 코스닥 시장에서는 아직도 실적보다 이야기가 강하다. 그 이야기에는 언제나 희망고문이 따라붙는다. 주가는 오르지만, 실적은 없고, PER도 마이너스인 기업. 이것이 가능했던 이유는 오직 하나, 사람들이 아직도 현실보다 환상을 사기 때문이다. 당신도 환상을 따르는 고객이 되겠는가?

더욱 구조적인 문제는 PER이라는 개념 자체가 미국과 한국, 나스닥과 코스닥에서 전혀 다른 의미로 작동한다는 점이다. 나스닥의 PER이 높은 것은 그것이 '미래의 실적을 시장이 선반영했다'는 의미일 수 있다. 실제로 미국에서는 그런 사례가 숱하게 있었다.

일례로 테슬라는 2020년 전후로 PER이 수백 배에 달할 정도로 고평가되었지만, 이후 전기차 판매량이 폭증하며 이익이 따라붙었다. 미국 시장은 전 세계 투자 자금의 집결지다. 전 세계의 돈이 미국으로 몰리고, 미국 기업의 제품은 전 세계인이 쓰기 때문에 일단 주가가 올라가면 그에 걸맞은 매출과 이익이 뒤따라 붙을 가능성이 높다. '주가 → 실적'이라는 선순환이 구조적으로 가능한 시장이다.

하지만 코스닥은 다르다. 일단 주가가 급등한다고 실적이 따라오지 않는다. 처음에는 AI, 메타버스, 2차전지, 수소차 같은 '키워드'만으로 시총 1조를 넘기지만, 시간이 흐르면 그 키워드가 허상에 불과했다는 것이 드러난다. 매출은 정체되고, 적자는 반복된다. PER은 여전히 '마이너스'로 표기된다. 문제는 그 상태에서 '다음 테마'를 찾아 자금을 이동시키는 순환 구조가 코스닥 전체를 지배한다는 것이다. 그러다 보니 장기투자가 성립할 수 없다. 한 종목이 3개월, 길어야 6개월 반짝 빛나고 나면 수많은 투자자들이 그 자리를 떠나 새로운 테마로 이동한다.

이런 구조는 미국과 가장 큰 차이를 보인다. 미국은 스토리로 주가가 먼저 오르더라도, 시장 자체가 세계의 중심이기 때문에 실적이 뒤따라올 가능성이 있다. 반면 한국은 실적이 뒤따라오지 않는다. 그래서 단타가 기본이고 테마 매매가 일상적이다. 이 차이는 단순한 투자 습관의 문제가 아니라 시장 구조의 문제다.

결국 PER이 마이너스라는 건 수익이 없다는 뜻이고, 실적이 없는

데도 주가가 오른다면 그것은 '사실'이 아니라 '분위기'로만 움직이는 시장이라는 뜻이다. 코스닥의 많은 종목들은 실적을 기준으로 보면 '아직도 적자'고, 미래를 기준으로 보면 '좋아질 것'이다. 문제는 '좋아질 것'이라는 말이 수년째 반복되고 있고, 그걸 믿는 개인 투자자만 매번 손해를 본다는 것이다.

코스닥 적자 기업은
단타용으로
적합하다

03

코스닥은 절대 투자하지 말아야 하는가? 물론 그렇지 않다. 대부분의 코스닥 기업들은 장기투자용으로는 부적합하지만, 단타용으로는 최적화되어 있다.

단타를 무조건 나쁘다고 말하는 사람도 있다. 하지만 단타는 나쁜 게 아니다. 누군가에게는 단타가 생계다. 월급은 그대로인데 물가는 끝도 없이 오르고, 고정 지출은 숨통을 조인다. 이럴 때 단타는 현실을 버텨내기 위한 하나의 전략이 된다. 잘만 다룬다면 단타는 생활비를 보전하고, 인플레이션을 상쇄하고, 심지어 새로운 시드머니를 만들어내는 유용한 무기가 될 수 있다.

단타가 무조건 나쁘다는 건 착각이다. 중요한 건 목적과 전략이다. 장기투자를 할 거라면 실적이 받쳐주는 코스피 우량주가 어울리지만, 단타를 하겠다고 마음먹은 투자자에게는 코스닥이야말로 최적의 무대다. 특히 적자 기업이야말로 단타용으로는 최고의 도구가 된다. 코스닥의 적자 기업은 경주용 자동차다. 속도는 빠르지만 내구성이 약하다. 안정성도 떨어지고, 일반도로에서는 위험하다. 하지만 레이싱 트랙에서는 무기가 된다. 당신이 레이스를 준비하고 있다면, 당연히 스포츠카를 골라야 한다. 굼뜬 SUV를 트랙에 몰고 들어가는 건 어리석은 행동이다. 마찬가지로, 단타를 할 거라면 코스닥의 급등락 종목을 골라야 한다. 리스크가 큰 대신 보상이 크고, 순간순간의 판단력과 반응 속도가 중요하다. 그 환경에서 코스닥 적자 기업은 가장 예민하고 반응성 좋은 수단이다.

코스닥 적자 기업의 특징은 명확하다. 수익이 없기 때문에 숫자에 얽매이지 않고, 오직 '스토리'로 주가가 움직인다. 오늘은 AI, 내일은 반도체, 모레는 우주항공. 스토리 하나만 붙으면 적자 기업의 주가는 하루 만에 수직으로 솟구칠 수 있다. PER도 마이너스이고, 기준도 없고, 외국인도 없다. 오롯이 개인 투자자의 감정과 수급에 의해 움직인다. 그래서 한 번 흐름을 타기 시작하면, 상식적으로는 설명하기 어려울 정도로 무섭게 튀어 오른다.

이 구조는 단타를 하기에 최적화된 환경이다. 뚜렷한 기준이 없으니 기대감만으로도 주가가 뛴다. 실적이 없으니 실적 발표일이 두렵지도 않다. 실망할 재료가 없으니, 오히려 기대감만으로 폭등할 수 있다. 거기다 유튜브나 언론, 증권 방송 등에서 만들어내는 '테마'라는 이름의 스토리들이 적자 기업들과 찰떡궁합을 이룬다. 관련 뉴스 하나만 뜨면, 그와 연관된 적자 기업의 주가가 마치 미사일처럼 날아오른다.

이런 성질을 이해하고 활용하면, 단타는 도박이 아니라 '하이 리스크 하이 리턴'의 고속 회전형 전략이 된다. 시드머니가 많지 않다면, 오히려 단타는 합리적인 선택이 될 수 있다. 1,000만 원으로 한 달에 세 번 수익을 내면 3,000만 원으로 한 번 투자하는 것과 동일한 결과가 된다. 자본은 적지만 회전율을 높임으로써 레버리지 효과를 얻을 수 있다. 그리고 코스닥의 적자 기업은 그 회전을 가능하게 해준다. 거래량이 많고, 스토리가 풍부하며, 뉴스에 민감하게 반응하기 때문이다.

어떤 사람은 낚시를 할 때 대형 릴과 굵은 줄을 준비한다. 심해에서 큰 물고기를 잡기 위해서다. 반면 누군가는 손바닥만 한 미끼를 던져 잉어를 낚는다. 지금 당신에게 필요한 건 심해어인가, 민물고기인가? 고래를 잡겠다면서 잔챙이 낚싯대를 들고 있는 건 미련한 짓이다. 마찬가지로, 시드머니가 작고 회전율로 수익을 내야 한다면, PER 5배짜리 대형 우량주만 붙들고 있어서는 아무 일도 일어나지 않는다.

물론 단타에는 전제가 필요하다. 확실한 매매 기준이 있어야 한다. 진입과 이탈의 원칙, 손절의 기준, 수익 실현의 룰이 없다면 단타는 단순한 충동 매매가 된다. 하지만 그것만 잘 다듬으면 단타는 결코 무시당할 전략이 아니다. 특히 코스닥의 적자 기업은 단타에 맞게 설계된 도구다.

주가가 고평가되어 있다고 해서 무조건 피할 필요는 없다. PER 500배든, 적자든, 어차피 단타는 그 종목의 '이야기'를 먹고 들어가는 게임이다. 실적은 마이너스지만, 주가는 오히려 플러스일 수 있다. 문제는 그것이 언제 터지느냐일 뿐이다.

모든 종목에는 용도가 있다. 망치로 나사를 조일 수 없고, 드라이버로 벽을 부술 수는 없다. 도구에는 다 제 역할이 있다. 투자도 마찬가지다. 어떤 종목은 망치처럼 강력한 한방을 위해 존재하고, 어떤 종목은 드라이버처럼 섬세한 접근을 요한다. 망치를 드라이버처럼 쓰면 사고가 나고, 드라이버를 망치처럼 쓰면 아무 일도 일어나지 않는다. 그게 바로 잘못된 도구의 사용법이다.

장기투자에 어울리는 종목이 있고, 단타에 어울리는 종목이 있다. 건전한 현금 흐름이 있는 회사는 포트폴리오의 안정판으로 두고, 코스닥의 적자 기업을 단타를 위한 도구로 삼으면 된다. 오히려 그 기업의 '쓸모'를 정확히 파악하고 전략에 맞게 사용하는 것이야말로 가장 슬기로운 투자다.

'이 종목은 적자라서 안 돼.'

'PER이 너무 높아서 위험해.'

이렇게 말할 필요 없다. 중요한 건 그 종목이 지금 당신의 전략에 어울리느냐는 것이다. 종목을 버릴 게 아니라, 종목의 역할을 정확히 아는 것. 그것이 바로 투자자의 안목이다. 중요한 건, 무엇을 사느냐보다 언제, 왜, 어떻게 쓰느냐다. 모든 물건에는 쓰임이 있다. 현명한 사람은, 싸구려 나무젓가락도 잘 깎아 낚싯대로 쓸 줄 안다.

투자도 똑같다. 실적이 없고 고평가라는 이유만으로, 쓸모를 몰라 방치하지 마라. 그 종목이 어디에 쓰는 물건인지 알게 된다면, 당신은 누구보다 현명한 투자자가 되어있을 것이다.

수익률 높이는 종목 선택법

제4계명

실적 발표 전에 사지 마라

재료 소멸로 급락한 기업 리스트

실적이 좋아도
주가가
떨어지는 이유

01

한국 주식시장에서 가장 많이 하는 오해 중 하나는 '실적이 좋으면 주가가 오른다'는 생각이다. 너무 당연해 보인다. 회사가 돈을 잘 벌면 가치가 올라가고, 주가도 그에 맞춰 올라가는 게 당연하게 느껴진다. 그러나 실제 시장에서는 전혀 그렇지 않다. 실적은 좋은데 주가가 하락하는가 하면, 기대 이하의 실적을 발표했는데 주가가 급등하기도 한다. 이런 현상은 '예외적인 경우'가 아니라 거의 '일상'처럼 반복된다. 그 이유는 아주 간단하다. 이미 기대치가 선반영되었기 때문이다.

마치 시청자가 드라마 결말을 알고 있는 것처럼, 시장은 기업의 실적이 발표되기 훨씬 전에 그것을 이미 알고 있거나 예측한 상태로 움직인다. 기관과 외국인, 정보에 빠른 투자자들은 실적 발표일이 오기도 전에 그 기업의 실적이 좋을 것이라는 사실을 이미 파악하고 매수에 들어간다. 주가는 발표일 이전까지 서서히 오르거나 급등하면서 '좋은 실적'이라는 재료를 가격에 미리 반영해 버린다. 그렇기 때문에 막상 실적 발표일이 되면, 시장은 더 이상 감탄하지 않는다. 드라마 결말을 이미 알고 있는 사람처럼, 실적 발표가 신선한 정보가 아니라는 사실을 증명하듯, 오히려 차익 실현 매물이 쏟아진다. 실적이 좋다는 뉴스가 나왔지만, 주가는 하락한다. 이런 과정을 모르는 초보 투자자는 '실적이 좋은데 왜 떨어지지?'라며 어리둥절해한다. 하지만 시장에서는 너무나 자연스러운 일이다.

예를 들어보자. 에코프로비엠은 2023년 1분기, 사상 최대 실적을 발표했다. 영업이익은 전년 동기 대비 무려 179% 증가한 2,012억 원이었다. 이 정도 실적이면 주가가 날아갈 듯 올라야 하지만 주가는 하락세로 돌아섰다. 왜일까? 이미 2022년 말부터 실적 개선에 대한 기대가 반영되며 주가가 수차례 상승했기 때문이다. 실적이 나왔을 때 재료가 모두 소진된 뒤였다. 마치 생일날 최신 스마트폰을 선물로 받았지만, 전날에 미리 봐버려서 막상 받을 때는 흥분되지 않는 상태와 같다. 기대는 컸지만, 이미 감정이 소비된 상태다.

이렇게 보면, 실적이 좋다는 것은 '좋았던 적이 있었다'는 과거형 정보일 뿐이다. 주식시장은 과거가 아니라 미래를 본다. 앞으로 더 좋을 것이냐가 중요하지, 과거에 좋았느냐는 이미 가격에 반영된 '역사'일 뿐이다.

반대로 실적이 나쁘면 어떻게 될까? 당연하게도 실적이 나쁘면 주가는 떨어진다. 선반영이니 뭐니 핑곗거리도 없다. 나쁘다는 뉴스가 악재로 작용해서 바로 매도세로 이어진다. 특히 실적이 시장 예상치에 크게 못 미치거나, 적자 전환을 했다면 주가는 속절없이 무너진다. 결국, 실적이 좋아도 '좋은 게 이미 선반영돼서' 떨어지고, 실적이 나쁘면 '나빠서' 떨어진다. 이 얼마나 아이러니한가? 이 때문에 한국 주식시장에서 실적 발표 시즌, 특히 분기 실적 발표가 몰린 3월, 5월, 8월, 11월 초에는 매수를 자제하라고 말하는 것이다.

실적이 좋다고 해서 들어갔는데, 발표 직후 바로 주가가 -5%, -10%씩 떨어지는 경우는 셀 수 없이 많다. 이런 패턴을 반복적으로 경험한 투자자들은 결국 학습하게 된다. 실적 발표가 끝난, 시장의 반응이 확인된 다음에 들어가는 것이 훨씬 안전하다는 것을. 이런 점을 이해하면, 주식시장에서의 타이밍이 얼마나 중요한지 알 수 있다. 한국 시장에서는 '좋은 실적' 자체보다 '언제 발표되느냐'가 훨씬 중요하다. 맛있는 요리를 먹을 때도 타이밍이 중요하듯, 실적이라는 재료도 언제 먹느냐에 따라 그 가치가 완전히 달라진다. 좋은 실적이 나올 것 같다는 기대가 클수록, 실적 발표 이후의 하락은 더 크다. 기대치가 높을수록 실망도 커지는 법이다. 그래서 실전 투자에서는 이렇게 조언한다.

'실적 발표 전에 사지 마라. 실적 발표 후에, 주가가 떨어진 다음에 사라.'

시장 반응을 보고 들어가는 것만으로도, 무의미한 손실을 피할 수 있다.

또 하나의 실전 팁은, '어닝 서프라이즈'를 노리고 매수하는 전략을 피하라는 것이다. 어닝 서프라이즈란, 시장 예상치를 훨씬 뛰어넘는 깜짝 실적을 말한다. 웃긴 것은, 요즘 시장에서는 어닝 서프라이즈조차 이미 주가에 선반영돼 있는 경우가 많다. 즉, 어닝 서프라이즈가 발표됐지만 오히려 주가는 떨어지는 일이 자주 벌어진다. 이런 구조에서는 '실적'만 보고 투자하는 전략은 실패할 수밖에 없다. 실적이 중요한 것이 아니라, 시장이 그것을 어떻게 예상하고 있었느냐, 얼마나 반영했느냐, 기대치가 어땠느냐가 더 중요하다. 결국 주식은 숫자의 싸움이 아니라, 기대치와 현실의 간극을 읽는 심리 게임이다. 이런 점을 모른 채 '실적 좋으니 사야지'라고 단순하게 접근하면, 시장의 함정에 빠지는 것이다. 그렇기 때문에 한국 주식시장에서 실적 발표 직전에는 반드시 매수를 피해야 한다.

실적이 좋으면 '좋을 걸 미리 알아서 떨어지고', 실적이 나쁘면 '나빠서 떨어지는' 이 모순된 구조에서, 진짜 투자자는 실적 발표 이후를 기다린다. 시장은 언제나 '다 알고 있었다'는 듯이 움직인다. 우리는 그 움직임을 쫓지 않고 기다려야 한다. 기회는 실적이 아니라 실적 발표 '이후'에 온다.

또 하나의 전략은 실적에 대한 기대치 자체가 아예 존재하지 않는 종목을 노리는 것이다. 대형주의 경우 증권사에서 분기마다 일제히 '컨센서스'라고 불리는 실적 추정치를 제시한다. 그런데 이 컨센서스가 오히려 주가 상승의 발목을 잡는 경우가 많다. 예를 들어, 전년 동기 대비 영업이익이 50% 이상 급증했음에도 불구하고, 증권사들이 그보다 더 높은 숫자를 미리 제시해 버리면 주가는 실적 발표 당일에 오히려 하락해 버린다. '잘했는데도 기대만큼 못했다'는 이유로 시장은 벌을 주는 것이다.

이처럼 실적이 좋은데도 주가가 빠지는 가장 큰 이유는, '절대적인 수치'보다 '기대 대비 결과'가 더 중요하기 때문이다. 이 구조에서 벗어나기 위해선, 애초에 컨센서스 자체가 존재하지 않는 기업을 선택하는 것이 오히려 유리할 수 있다. 그게 바로 중소형주다. 증권사의 커버리지가 닿지 않는 중소형주는 실적 추정치가 없어 기대치 자체가 형성되지 않는다. 그래서 실적 발표 이후 '과거보다 실적이 잘 나왔다'는 이유만으로 주가가 급등할 수 있다. 비교 대상이 없기 때문에 오히려 더 자유롭게 주가가 반응한다. 이런 종목은 투자자 입장에서도 심리적으로 덜 부담스럽다. 실적 발표 전 증권사 리포트를 분석하며 머리를 싸맬 필요도 없고, 발표 이후 시장의 기대치를 일일이 비교하며 주가 반응을 해석할 필요도 없다. 오직 결과만 보면 된다.

결국 실적이라는 것도, 절대적인 수치보다 '비교'와 '기대'라는 틀 안에서만 의미가 만들어진다. 그렇다면 애초에 그 틀 자체가 없는 종목을 고르는 것이야말로, 시장의 프레임에서 벗어나는 가장 확실한 방법일 수 있다.

한국식 '재료 소멸'과 눈치 매매 구조

02

한국 주식시장에는 외국 투자자들이 도무지 이해하지 못하는 독특한 현상이 있다. 실적이 좋다는데 주가가 떨어지고, 수주 계약을 따냈다는데도 주가가 하락한다. 임상이 성공했는데 시세는 주저앉고, 대선 후보가 당선됐는데 테마주는 폭락한다. 처음 겪는 사람에겐 무슨 주술처럼 느껴질지도 모른다. 좋은 일이 생겼는데, 왜 나쁜 일이 벌어지는가? 뉴스는 호재인데 왜 가격은 하락하는가? 이 불가해한 현상은 마치 문을 열고 들어가려는 순간, 그 문이 사라져 버리는 '착시의 방'과도 같다. '문이 사라지는 순간'을, 한국 주식시장에서는 '재료 소멸'이라 부른다.

'재료 소멸'은 마치 기술적인 금융 용어처럼 들리지만, 이보다 더 감정적이고 인간적인 단어도 없다. 그것은 기대가 산산이 부서지는 소리이고, 오랜 기다림이 무너지는 타이밍이며, 애써 모은 정보가 한순간에 무력해지는 찰나의 공기와 같다. 재료 소멸은 단순히 어떤 뉴스가 '발표되었다'는 의미가 아니다. 뉴스가 이미 시장에 반영되었고, 이제는 더 이상 기대할 것이 남지 않았다는 것을 시장이 선언하는 순간이다.

한국 주식시장에서는 재료 소멸이 매우 빠르게, 그리고 매우 정교하게 작동한다. 대부분의 투자자들이 주식은 앞으로 좋아질 일에 투자하는 것이라 믿지만, 한국 시장은 오히려 앞으로 좋아질 일이 발표되는 그 순간부터 하락을 시작한다. 왜 그럴까? 그것은 한국 시장이 '미래의 기대'가 아니라, 미래의 발표일을 추측하고 미리 포지션을 잡는 사람들의 전쟁터이기 때문이다. 발표가 되었다는 건, 이미 파는 사람만 남았다는 뜻이다. 이런 구조는 특히 한국에서 두드러진다. 왜일까?

첫째, 기관과 외국인이 정보를 미리 주가에 반영시키고, 개인은 뉴스가 나온 후에야 움직인다.

둘째, 뉴스가 곧바로 가격에 반영되는 구조가 아니라, 뉴스가 나오기 전에 가격이 미리 움직이는 구조가 고착화되어 있다.

셋째, 한국의 개미 투자자들은 뉴스를 '기대의 출발점'으로 생각하지만, 시장은 뉴스를 '이익 실현의 출구'로 여긴다.

그 결과, 시장에서는 언제나 이런 장면이 반복된다. 뉴스가 터졌다, 그런데 급등할 것 같은 가격이 곧바로 급락한다. 이때 매수한 개인 투자자들의 머릿속에는 한 가지 질문이 맴돈다.

"도대체 뭐가 문제였지?"

문제는 아무것도 없다. 실적은 진짜로 좋았다. 임상도 실제로 성공했다. 계약도 정말로 따냈고, 인수도 진심이었다. 그런데도 주가는 빠졌다. 이유는 단 하나. 기대가 공식화되는 순간, 기대는 더 이상 기대가 아니기 때문이다. 뉴스가 '발표되는 순간'은 곧 '기대의 종료 시점'이고, 그 순간부터는 매도세만이 기다리고 있다.

이러한 구조는 주식 초보자들에게는 함정이고, 고수들에게는 기회다. 뉴스를 믿고 들어가는 사람은 늘 늦고, 뉴스가 나오기 전에 빠져나가는 사람은 늘 앞선다. 이 '시간차'는 정보 격차라기보다는 태도의 차이다. 초보자는 '내용'을 보고 움직이지만, 고수는 '타이밍'을 보고 결정한다. 초보자는 뉴스가 좋은지를 따지지만, 고수는 그 뉴스가 이미 반영됐는지를 먼저 본다.

더 잔인한 것은, 한국의 주식시장은 재료 소멸을 반복적인 구조로 만든다는 점이다. 어떤 산업이나 이벤트든 기대가 존재하고, 그 기대가 공식화되는 순간, 주가는 반드시 조정 받는다. 그래서 고수는 절대 뉴스에 반응하지 않는다. 뉴스를 기다리는 게 아니라, 뉴스가 나오기 직전에 나간다. 뉴스를 '매수의 근거'가 아니라 '매도의 신호'로 본다. 이 차이가 수익과 손실을 가른다.

가장 중요한 것은 이것이다. 뉴스는 믿어도 되지만, 뉴스의 타이밍은 믿으면 안 된다. 아무리 좋은 뉴스라도, 발표 시점이 '출구'라면 그 뉴스는 독이 된다. 정보 자체보다 중요한 것은, 그 정보가 언제 시장에 흘러나오고, 언제 소멸되는가이다. 이제부터 우리는 실제 한국 주식시장에서 벌어진 다양한 재료 소멸 사례들을 분석할 것이다.

코스피 이전, 지분 인수, 선거 결과, 영화 개봉, 계약 공사 등.

어떤 사건이든 간에, 뉴스가 발표되기 직전이나 직후에 주가가 잠깐 올랐다가 빠졌다면, 재료 소멸이 작동했다는 뜻이다. 이 책의 목적은 단순히 과거를 복기하는 것이 아니다. 당신이 다음번 호재 뉴스에 휘둘리지 않도록, 그 뉴스가 '당신을 위한 것인지, 누군가의 출구를 위한 것인지'를 구별할 수 있도록 예방 백신을 만들 것이다.

재료 소멸의
대표적인
사례들

03

셀트리온 - 코스피 이전 상장의 헛꿈

    2018년 초, 한국 주식시장에서는 한 종목이 투자자들의 모든 관심을 빨아들이고 있었다. 바로 셀트리온이다. 바이오의 미래처럼 여겨졌던 이 기업은 그해 2월, 코스닥에서 코스피로 이전 상장을 앞두고 있었다. 언론은 연일 '코스피 시가총액 3위 등극' '삼바-셀트리온 양강 체제' 같은 기사를 내며 셀트리온의 미래를 찬양했다. 셀트리온은 한미약품의 부침 이후 바이오에 대한 대중의 기대를 간만에 되살린 존재였다.

    셀트리온의 주가 상승은 2017년 중반부터 시작되었다. 트루시마, 램시마, 허쥬마 등 바이오시밀러 삼총사가 유럽에서 빠르게 시장을 잠식하며 실적 기대감이 커졌고, 급기야 '글로벌 제약사 셀트리온'이 라는 기사 제목도 등장했다. 그 기대감은 숫자로 증명되었다. 2017 년 셀트리온의 매출은 전년 대비 약 60% 증가한 9,126억 원, 영업이 익은 4,001억 원으로 전년 대비 81%나 늘어났다. PER은 100배를 넘 었지만, 그 누구도 비싸다고 말하지 않았다. 오히려 'PER 100은 싸 다'는 논리가 유튜브, 블로그, 증권사 리포트에서 버젓이 돌아다녔 다. 이유는 하나였다. '앞으로 실적이 더 폭발적으로 늘어날 것이기 때문에.'

2018년 2월 9일, 드디어 셀트리온은 코스피에 입성했다. 당시 종 가는 23만 원, 시가총액은 약 44조 원으로 단숨에 코스피 시총 3위 에 올랐다. 주식시장 역사상 가장 화려한 입장이었다. 모든 언론이 셀트리온을 향해 조명을 비추었다. 그러나, 그 순간이 바로 재료 소 멸의 시작이었다. 코스피로 이전 상장하면 더 잘나갈 것 같았던 주 가는 어찌된 일인지 3월부터 힘을 잃기 시작했다. 하지만 이때까지 만 해도 많은 개인 투자자들은 지속적인 하락을 믿지 않았다. '잠깐 흔드는 거다', '4월에 IR이 다시 터진다', '공매도 세력이 흔들고 있다' 는 희망 섞인 말들이 게시판을 가득 메웠다.

하지만 시장은 잔혹했다. 2018년 2월에 공개된 2017년 실적 발표 이후에도 하락세는 멈추지 않았다. 4월 말에는 20만 원대가 깨졌다. '셀트리온은 괜찮다'는 믿음을 가진 수많은 개미들이 -30~-40% 손실 을 감내하며 버텼지만, 주가는 점점 무너져갔다. 그해 11월, 셀트리 온은 결국 17만 원선까지 붕괴되었다. 고점 대비 50%가 넘는 하락

■ 셀트리온 주가 차트(2017년 7월~2019년 12월)

끝에 1년 만에 시가총액이 20조 원 넘게 증발했다.

　이 모든 과정은 단 하나의 시점에서 시작되었다. '코스피 이전 상장.' 많은 사람들은 코스닥보다 우량 기업이 몰려있는 코스피에 가면 셀트리온의 진가가 발휘될 거라고 굳게 믿었다. 코스피를 추종하는 수많은 ETF에서 셀트리온을 사야 하기 때문에 주가는 당연히 상승할 거라는 논리가 시장을 지배했다. 그러나 주가에는 이미 그런 것들이 오래전부터 반영되어 있었다. 램시마의 유럽 판매 호조, 트루시마의 허가 확대, 코스피 이전 상장이라는 재료가 이미 시장에 충분히 퍼졌고, 주가는 그 기대감을 먹고 30만 원을 돌파했던 것이다. 재료가 아무리 좋아도 '더 나올 뉴스가 없으면' 그 기대는 꺼지는 법이다.

　셀트리온은 망한 회사가 아니다. 지금도 매출과 이익을 꾸준히 내고 있고, 국내 제약 바이오산업의 대표주자임에는 분명하다. 하지만 2018년의 셀트리온은 모든 '기대'가 가장 절정에 이르러 기대가 '숫자'로 확정되는 순간, 주가가 내려앉았다. 기대가 현실이 되는 순간, 현실은 냉정하다. 이처럼 재료 소멸이란 거창한 일이 아니다. 뉴스가 나왔을 뿐인데, 시장이 등을 돌리는 것이다. 그것이 단타의 기회일 수도 있지만, 장기투자자에겐 악몽이 되는 순간이다.

SM – 열렬한 구애작전의 허망함

2023년 2월 7일, 카카오는 SM엔터테인먼트와 전격적으로 신주 및 전환사채 인수 계약을 체결한다고 발표한다. SM이 카카오를 대상으로 3자 배정 유증 방식으로 123만 주의 신주를 발행하고, 전환사채 인수를 통해 114만 주를 추가로 확보하는 딜이었다. 이로 인해 카카오는 지분 9.05%를 확보하면서 단숨에 SM의 2대 주주로 올라섰다. 이 뉴스는 금융시장 전체를 뒤흔들었다. 단순 지분 투자가 아니라, 실질적 경영 참여를 암시하는 '전환사채'였고, SM 대표 이수만은 이미 경영에서 배제된 상태였다. 카카오는 이렇게 말했다.

"우리는 플랫폼과 IP의 결합을 통해 시너지를 낼 것이다."

시장 반응은 폭발적이었다. SM 주가는 단숨에 9만 원대를 뚫고, 10만 원대를 눈앞에 두게 되었다. 그런데 이틀 뒤인 2월 9일, 돌발 변수가 등장한다. 하이브가 이수만이 보유한 SM 지분 14.8%를 4,228억 원에 인수한다는 계약을 체결했다고 발표한다. 이 사건은

■ SM 주가 차트(2022년 12월~2024년 12월)

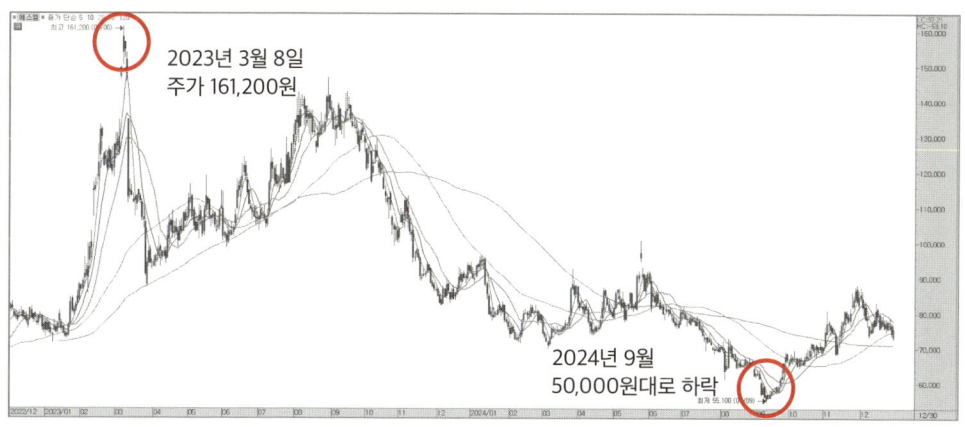

단순한 투자 행위가 아니었다. 이수만은 SM의 창업자이자 최대 주주였고, 그의 지분을 인수한다는 것은 곧 SM의 경영권을 장악하겠다는 신호였다.

카카오와 하이브. 둘 다 콘텐츠 산업의 거물이고, 자금력도 충분하다. 하나는 국내 최대 플랫폼 기업, 다른 하나는 '방탄소년단'이라는 세계적인 K팝 브랜드를 보유한 엔터테인먼트의 왕자. 이들의 싸움은 곧 '콘텐츠 왕좌'를 둘러싼 인수 전쟁으로 번진다. 카카오가 SM을 인수한다는 것만 해도 빅뉴스인데, 하이브와 경쟁까지 붙었으니 기사가 계속 쏟아질 수밖에 없었다. '카카오, 추가 지분 확보 시도', '하이브, 공개매수 카드 꺼내', 'SM 이사회, 카카오 손 들어', '이수만 측, 법적 대응 시사', '하이브, SM 주식 공개 매수 선언' 등.

실제로 2023년 2월 10일, 하이브는 주당 12만 원이라는 어마어마한 금액에 SM 주식을 공개 매수하겠다고 나선다. 당시 SM 주가는 9만 원 후반에서 10만 원 초반이었다. 시장은 충격에 휩싸인다. "12만 원까지 간다고?", "이거 매수해야 돼!" SM 주가는 당연히 급등했다. 주가가 단숨에 12만 원대를 넘어섰다. 그리고 공개 매수 마지막 날까지 12만 원선에서 치열한 등락을 거듭하다가 결국 12만 원 위에서 끝나면서 하이브의 공개 매수는 실패했다. 하이브는 강하게 반발했다. 하이브는 카카오 측이 공개 매수를 실패하게 하려고 SM의 주가를 인위적으로 끌어올리는 주가 조작을 했다고 주장했다.

2023년 3월 7일, 카카오는 SM 인수 전에 쐐기를 박기 위해 주당 15만 원에 공개 매수를 하겠다고 밝혔다. 그야말로 '쩐의 전쟁'이 된 것이다. 이 소식에 SM 주가는 바로 급등하며 단숨에 15만 원대를 돌파한다. 그러나 3월 8일 기록한 16만 1,200원은 오랜 기간 동안 다시는 탈환할 수 없는 고점이 되고 말았다. 3월 12일 하이브가 SM 인수를 철회했기 때문이다.

"적대적 인수전은 K팝 산업 생태계에 도움이 되지 않는다."

시장은 혼란에 빠졌다.

"이게 무슨 소리야?", "하이브가 물러난다고?"

SM 주가는 순식간에 급락하며 12만 원선도 붕괴됐다. 하이브가 물러나면서 카카오가 단독 인수자로 남게 되었고, 3월 28일에는 결국 카카오가 SM의 지분 39.87%를 확보하며 사실상 경영권을 장악하게 된다. 그때 SM의 주가는 9만 원대. 잔치는 끝났다. 그리고 SM 주가는 2024년 9월 5만 원대까지 떨어지며 1년 넘게 후유증에 시달렸다.

결국 카카오가 SM을 인수하기 전까지는 기대감에 화려하게 타오르다가, 막상 인수를 하고 나니 재료 소멸로 폭락한 사례다. 언론에서는 카카오와 SM의 인수 이후 시너지 효과에 대해서 기사를 쏟아냈지만, 주식시장은 냉담했고 투자자들은 이미 돌아선 지 오래였다.

NE능률, 웅진 - 정치 테마주의 처음과 끝

2022년 대선은 윤석열과 이재명의 접전이 펼쳐졌던 만큼 유독 많은 '정치 테마주'를 만들어냈다. 그중에서도 NE능률은 가장 상징적이면서도 극단적인 재료 소멸 사례로 꼽힌다.

원래 NE능률은 영어교육 콘텐츠를 만들던 작은 회사였다. 토익 문제집이나 중고등학교 교과서, 참고서를 만들고 판매하는 평범한 교육 기업으로, 시가총액은 500억 원도 되지 않았다. 그런데 2021년부터 윤석열 테마주로 사람들 입에 오르내리기 시작했다. 이유는 모회사인 hy그룹의 윤호중 회장이 윤석열과 같은 파평 윤씨였기 때문이다. 웅진도 마찬가지 이유로 윤석열 테마주가 되었다. 각 기업 총수와 윤석열은 공식적으로 아무런 관계가 없었지만 시장은 이 회사들을 윤석열 테마주로 묶기 시작했고, 그렇게 테마로 낙인찍힌 주가는 믿기 어려울 정도로 폭등했다.

2021년 3월, NE능률의 주가는 3,000원대였다. 별다른 호재 없이 조용히 움직이던 이 주식은 윤석열이 검찰총장을 사퇴하자 본격적으로 움직이기 시작했다. 당시 문재인 정부와 갈등을 빚고 있었던 윤석열의 사퇴는 곧 차기 대선 출마를 의미하기 때문이었다. NE능률 주가는 4월에 2만 원을 넘었고 6월엔 3만 원을 돌파했다. 3달 만에 10배 가까운 상승이었다. 같은 기간 웅진은 1,000원대에서 4,000원대로 4배 상승했다. 이 모든 상승은 오직 하나의 이유, 윤석열 대통령 당선 가능성 때문이었다. 아무런 실적 개선도 없고, 정부 정책과의 연관성도 없었다. 그저 '그럴 수도 있다'는 가능성 하나로 시장은 열광했다.

재료 소멸은 2021년 6월 29일 윤석열의 대선 출마 선언 바로 다음에 찾아왔다. 아직 대선이 많이 남아있던 시점이었지만, 이후 윤석열 테마주의 주가는 점점 하락하기 시작했다. 윤석열의 지지율은 이재명을 따돌리며 1위를 유지하고 있었는데도 투자자들은 서서히 빠져나가기 시작했다. 어차피 선거가 끝나면 원점으로 돌아갈 게 뻔하기 때문에 미리 재료 소멸에 대비한 움직임이었다. 대선 절차는 착착 진행되어 갔지만 NE능률과 웅진의 주가는 하락하기만 했다. 뒤늦게 윤석열의 당선을 예상하고 들어온 사람들은 비명을 지르기 시작했다. 결국 2021년 7월, NE능률의 주가는 1만 원대로 추락했고 웅진은 2,000원대로 내려앉았다. 2022년 3월 대선이 끝날 때까지 주가는 회복하지 못했다.

NE능률과 웅진은 재료 소멸의 가장 전형적인 흐름을 보여준다. 결과가 나오기 전까지는 어떤 상상도 가능하다. 윤석열이 대통령이

■ **NE능률 주가 차트**(2021년 3월~2022년 3월)

■ **웅진 주가 차트**(2021년 3월~2022년 3월)

되면 교육 개혁이 있을 것이고, 그 혜택이 NE능률로 올 수도 있다고 믿었다. 하지만 그건 어디까지나 기대였을 뿐이다. 현실이 닥치자 주가는 반등의 기회를 단 한 번도 주지 않고 무너졌다. 이런 구조는 NE능률 한 군데만의 일이 아니다. 재료 소멸은 정치 테마주와 이벤트 관련주 같은 모든 '기대주'에게 닥치는 필연적인 종말이다.

한국 주식시장에서는 종종 기대감이 실현되는 그 순간이, 가장 무서운 순간이 된다. 왜냐하면 그 기대감이 이미 주가에 충분히 반영되었기 때문이다. 실현되면 끝이고, 오히려 그때부터는 차익 실현이 시작된다. 주식은 현실보다 상상을 먹고 산다. 그러니 상상이 사라지면 주가는 떨어질 수밖에 없다. 그게 바로 NE능률이 보여준 교훈이다.

당신이 매수하려는 그 종목은 아직 상상의 영역에 있는가, 아니면 곧 현실로 변해버릴 재료를 품고 있는가. NE능률이 당신에게 묻는다.

영화주 - 개봉 이후 무너져 내리는 꿈

2025년 최고의 흥행 영화는 〈좀비 딸〉이었다. 〈좀비 딸〉은 2025년에 개봉한 영화 중 유일하게 550만 명의 관객을 돌파했다 (2025년 9월 기준). 배급사 NEW의 주가는 어땠을까?

〈좀비 딸〉은 7월 30일에 개봉했다. 개봉 첫날 관객 수가 많다는 소식이 들리자 다음날 NEW의 주가가 급등했다. 영화가 재밌다는 입소문을 타며 관객 수는 폭발했지만, NEW의 주가는 하락하기

■ **NEW 주가 차트(2025년 7월~2025년 9월)**

■ **애니플러스 주가 차트(2025년 7월~2025년 9월)**

시작했다. 7월 31일 3,195원에 마감한 NEW의 주가는 500만 관객을 돌파한 8월 25일에 2,715원까지 떨어졌다. 〈좀비 딸〉이 2025년 개봉한 영화 중 최고 흥행작이라는 소식을 듣고 주식을 산 사람들은 모두 물리고 말았다. 이것이 바로 전형적인 재료 소멸의 광경이다.

애니메이션으로는 엄청난 흥행을 거둔 〈귀멸의 칼날: 무한성편〉도 마찬가지다. 이 영화의 수입사 애니플러스의 주가는 개봉 전날에 급등하여 6,400원을 돌파했으나 영화가 박스오피스 1위를 기록하자 하락하기 시작하여 400만 관객을 돌파한 후에는 4,200원까지 떨어졌다. 영화의 흥행 소식을 듣고 애니플러스 주식을 산 사람들은 모두 물렸다.

결국 아무리 잘 만든 영화이고 흥행에 성공한다고 해도 '재료 소멸'의 마법을 피해갈 수는 없다. 사람들은 흔히 '영화가 잘되면 관련주 주가가 오를 거야'라고 생각하지만, 완전히 틀렸다. 정확하게 말하자면 '영화가 잘되기 전에 관련주는 이미 올랐고, 영화가 잘되고 나면 떨어진다'가 맞다.

이것은 다른 콘텐츠 주도 마찬가지다. 드라마가 공개되기 전에 주가가 상승했다가 공개된 후 하락하는 일은 비일비재하다. 주식시장에서 중요한 건 작품성이나 재미가 아니다. 내용이 재미있다고 해서 관련 주식에 투자하는 것은 금물이다. 보기 전에 재미있을지 없을지 모르는 상태에서 투자하는 것이 올바른 투자법이다.

SBS - 넷플릭스 가면 뭐해

2024년 12월 20일, 한국 방송계를 뒤흔든 뉴스가 공시를 타고 흘러나왔다. SBS가 세계 최대의 OTT 플랫폼 넷플릭스와 콘텐츠 공급 계약을 체결하여 SBS의 방대한 콘텐츠 라이브러리와 향후 제작될 신작 콘텐츠를 공급하기로 한 것이다. 2025년부터 SBS의 신작 드라마와 예능 프로그램을 공급하고, 기존의 콘텐츠도 전 세계에 방영한다는 내용의 계약이었다. 계약 기간은 무려 6년이었다.

이 공시가 충격적인 이유는 계약 기간이나 규모 때문이 아니었다. 지상파 채널인 SBS가 기존의 공급처인 웨이브를 버리고 넷플릭스로 갈아탔기 때문이다. 그동안 지상파는 당연히 웨이브에 콘텐츠를 공급해 왔던 게 불문율이었는데, 그것이 깨져버린 것이다. SBS가 대규모 적자에 허덕이는 웨이브에서 안정적인 글로벌 OTT의 최강자 넷플릭스로 옮겨 탔다는 소식에 시장은 환호했다.

이 공시는 마치 한국 드라마 산업 전체가 다시 한 번 날아오를 것 같은 기대감을 만들었고, 주가는 즉각적으로 반응했다. SBS 주식은 공시가 나온 당일 상한가를 기록했고 다음날도 급등세를 보이며 시장의 주목을 한몸에 받았다. 1만 5,000원대였던 주가는 단숨에 2만 6,000원으로 뛰어올랐다. 언론은 'K드라마, 넷플릭스로 다시 비상'이라는 헤드라인을 쏟아냈고, 개인 투자자들은 앞다퉈 매수에 나섰다.

하지만 그 기대감은 금세 무너져 내렸다. 정확히 말하자면, '그날이 정점'이었다. 공시 2일 뒤부터 SBS의 주가는 속절없이 흘러내리기 시작했다. 뒤늦게 매수했던 사람들은 갑작스런 조정에 당황했고, 2025년 2월이 되자 주가는 2만 원 아래로 내려갔다. 그리고 3월에는 1만 7,000원까지 내려가며 거의 공시 이전 수준으로 돌아가 버렸다. 이른바 '재료 소멸'이 벌어진 것이다. 처음에 투자자들은 이해가 안 됐다. 도대체 왜? 지금 막 세계적인 OTT 기업과 계약을 체결했는데, 왜 주가가 하락하지? 실적은 좋아질 것이고, 글로벌 진출이라는 청사진도 있는데, 왜 주가는 반대로 움직이지? 이 질문의 핵심은 바로 '타이밍'에 있다.

SBS가 실제로 넷플릭스에 콘텐츠를 공급하고, 거기서 매출이 발생하기까지는 상당한 시간이 필요하다. 계약이 발표된 직후에는 아직 수익도 발생하지 않았고, 그 효과가 재무제표에 반영되기까지는 몇 분기 이상이 걸릴 수도 있는 것이다. 한국 주식시장에서 중요한 건 '현실'이 아니라 '기대감', 그리고 그 기대가 터지는 '타이밍'이다.

기대는 공시 직후에 이미 최고조에 달해 있었고, 실적 증가 예상 뉴스는 단지 그 기대를 확인시켜 주는 이벤트에 불과했을 뿐이다. 즉, 뉴스는 이미 '선반영'된 상태였고, 그 뉴스가 현실에 등장한 순간부터는 더 이상 오를 이유가 없어졌다. 오히려 그 순간부터는 오히려 차익 실현의 명분이 되어버린다. 한마디로 공시 발표 직후는 '사야 할 때'가 아니라 '팔아야 할 때'였던 것이다. SBS의 사례는 특히 개인 투자자들에게 중요한 교훈을 준다. 뉴스를 보고 따라 산 사람은 초단타가 아닌 이상 항상 물린다. 진짜 고수는 뉴스가 나오기 전에 사고, 뉴스가 나오는 날에 되판다.

이처럼 한국 주식시장에서는 '무슨 일이 일어나기 전까지'가 가장 황홀한 시기다. 현실은 언제나 기대보다 초라하고, 기대가 현실이 되는 순간 주가는 폭포수처럼 떨어진다. 투자자들은 재료가 실현되기 전까지만 타는 단타의 귀재가 되어야 한다. 그리고 재료가 소멸되는 그 순간, 아무 미련 없이 빠져나와야 한다. 그것이 한국 시장을 살아가는 가장 현실적인 생존 전략이다. 재료가 소멸되었는데도 주식을 들고 있다면, 이미 늦은 것이다. 그건 투자가 아니라 미련이다.

결국 재료 소멸은 주가의 무덤이다. 가장 좋은 뉴스가 나왔을 때, 그것이 오히려 주식시장에서의 퇴장 벨소리가 될 수 있다는 것을 명심해야 한다. 실적 발표, 인수합병, 임상 결과, 법안 통과, 선거 확정, 계약 체결 등 모두가 주가 하락의 신호탄이 될 수 있다. 진짜 고수라면, 좋은 일이 벌어지기 전에 팔고 나와야 한다.

수익률 높이는 종목 선택법

제5계명

작년에 많이 오른 종목은 사지 마라

급등했다가 다음해에 하락한 기업 리스트

화려했던 에코프로, 다음해에 벌어진 일

01

2023년, 한국 주식시장에선 하나의 단어가 모든 대화를 지배했다. 바로 '에코프로'이다.

이름만으로는 밋밋한 이 기업은, 어느 순간부터 한국 주식시장의 신화가 되었다. 상승, 또 상승. 10만 원이 20만 원이 되고, 30만 원을 넘더니, 어느새 50만 원, 100만 원…… 그리고 7월 26일, 장중 기준으로 150만 원을 찍었다(액면분할 전 기준가). 그 당시에는 코스닥 지수의 움직임조차 에코프로의 주가에 종속되어 있었다. 그 종목 하나가 시장 전체의 온도를 결정했다.

에코프로라는 광기의 심장부에는 한 인물이 있었다. 사람들은 그를 '빠떼리 아저씨'라고 불렀다. 그는 과거 배터리 관련 기업에 몸담았던 경력을 바탕으로, 한국의 2차전지가 전 세계를 지배할 것이라고 유튜브에서 설파했다. 그의 목소리는 단호했고, 메시지는 확신에 차있었다.

"중국은 추격자일 뿐이다. K-배터리는 끝내 이긴다."

그 말 한마디에 수십만 명의 개미들이 환호했고, 주가는 하루가 다르게 뛰어올랐다. 실제로 2023년 초반 에코프로에 들어간 이들은 한두 달 만에 계좌 수익률이 수백 퍼센트가 되었다.

'이게 주식이지', '이게 대한민국의 미래지', '빠떼리 아저씨 말 믿고 인생 역전했다' 이와 같은 게시글이 SNS에 넘쳐났고, 에코프로에 미치지 않은 사람은 왕따로 취급당할 정도였다. 심지어 2023년 11월, 한 증권사 애널리스트가 에코프로의 주가 과열을 경고하며 목표가를 낮추고 매도 리포트를 낸 후 출근길에 주주들에게 봉변을 당하기도 했다. 그 리포트는 개미들 사이에서 '배신의 문서'로 낙인찍혔고, 작성자는 한동안 보안요원 동행하에 회사를 드나들었다는 소문이 돌았다.

그리고 2024년이 되었다. 믿음은 배신당하고 신앙은 흔들리기 시작했다. 그토록 신뢰하던 한국산 NCM 배터리가 세계 시장에서 중국산 LFP 배터리에 밀리기 시작한 것이다. 중국의 CATL은 기술력을 무기로 삼지 않았다. 대신 가격으로 밀어붙였다. 비용의 40%를 절감할 수 있는 LFP 배터리는 완성차 업체들에게 너무나 매력적인 선택지였다. 현대기아차조차 LFP 배터리 채택을 확대했고, 결국 시장은 냉정하게 돌아섰다.

에코프로의 주가는 2023년 하반기부터 서서히 무너지기 시작했다. 2023년 연말에 에코프로는 고점 대비 3분의 1이 토막이 났고, 중국 배터리의 공습이 본격화된 2024년에는 6분의 1 토막 수준으로 하락했다. '빠떼리 아저씨'의 목소리는 여전히 유튜브에서 울려 퍼졌지만, 반응은 예전 같지 않았다. '기다리면 회복된다', '기술은 결국 이긴다', '긴 싸움이다' 같은 말들은 공허한 메아리에 불과했다. 투자자들의 눈은 점점 다른 곳을 향하기 시작했고, 에코프로라는 이름은 희망이 아닌 '먹튀의 상징'으로 바뀌었다.

2023년의 에코프로는 단순한 '급등주'가 아니었다. 하나의 신화였고, 집단 최면이었으며, 무리의 광기였다. 그들은 PER 500배가 넘는 주식을 '아직도 싸다'고 외쳤고, 애널리스트를 마녀사냥 했으며, 자신들이 들고 있는 주식이 '애국'이라고 믿었다. 그것은 더 이상 투자도, 투기도 아니었다. 그저 광신이었다. 그리고 그 광신은 2024년의 차가운 현실 앞에서 서서히 고개를 숙였다. 이제는 누구도 에코프로를 말하지 않았고, '빠떼리 아저씨'의 영상을 공유하지 않았다.

"다음 급등주는 뭐지?"

그들은 그렇게 떠났다.

에코프로는 잊혀졌고, 또 다른 종목이 신앙이 되었다. 이것이 바로 한국 주식시장의 본질이다. 한 해의 영웅은 다음해의 희생양이 된다. 그 종목이 나빠서가 아니라, 모든 기대를 이미 다 써버렸기 때문이다.

좋은 뉴스만 쏟아지는데 왜 주가는 더 못 오를까

02

주가가 2배, 3배, 심지어 5배, 10배까지 오른 종목이 있다고 하자. 사람들은 이렇게 말한다.

"이런 주식은 팔지 말고 무조건 들고 가야지."

그렇다. 그렇게 오른 종목에는 이유가 있다. 실적이 좋았거나, 이슈가 있었거나, 다양한 이유로 그동안 많은 사람이 주목했을 것이다. 문제는 그 이후다. 계속해서 좋은 뉴스만 쏟아지는데도, 이상하게 주가는 더 이상 오르지 않는다. 오히려 조금씩 흘러내리다가 어느 순간 무너진다. 왜 그럴까?

주가가 급등하면 자연스럽게 투자자도 늘어난다. 그 종목에 관심을 가지는 사람이 많아지고, 검색량이 증가하고, 유튜브에서 해당 종목 이름을 치는 횟수도 폭발적으로 증가한다. 그러면 어떤 현상이 벌어질까? 알고리즘이 움직인다. 관심이 있는 주식에 대해 투자자들은 계속해서 검색하고, 자신에게 유리한 정보, 긍정적인 뉴스, 희망적인 전망만 소비한다. 사람들은 심리적으로 자신의 투자 결정을 정당화해 줄 콘텐츠만 선택적으로 보게 되기 때문이다. 이른바 '확증 편향'이다.

유튜브 알고리즘은 그것을 알고 있다. 그래서 검색한 사람에게 비관적인 콘텐츠는 잘 보여주지 않는다. 주가가 많이 오른 종목에 대해 '이제 위험하다', '너무 고평가다'라고 말하는 영상은 조회수가 낮다. 그래서 점점 사라진다. 대신 '여기서 더 갑니다', '이 종목은 이제 시작입니다', '목표가 2배 더 상향합니다' 같은 콘텐츠만 남게 된다. 시간이 갈수록 뉴스는 더 낙관적이 된다.

유튜브뿐만 아니라 기사도 마찬가지다. 사람들이 클릭을 많이 하는 기사일수록 광고 단가가 올라가기 때문에 언론사들은 부정적인 기사보다 장밋빛 전망을 제시하는 기사를 더 선호한다. 이런 과정을 거쳐서 비판하는 사람은 조용히 퇴장하고, 맹신하는 사람만 남게 된다. 한 종목이 많이 오르면, 비판적인 목소리를 내는 전문가들은 인기 없는 사람이 된다.

"이 주식은 너무 많이 올랐고, 거품일 수 있다."고 말하면 당장 수백 명의 주주가 댓글로 달려들어 욕을 한다. "너 때문에 주가 빠지면 책임질 거냐?"고 협박한다. 실제로 에코프로에 대해 부정적인 리포트를 냈던 증권사 애널리스트는 주주들에게 봉변을 당하거나 아예 사라졌다. 그래서 결국 남는 건 '이건 여러분의 인생을 바꿀 대박 주식입니다', '대한민국의 자존심입니다', '제2의 XXX입니다'라는 찬양 콘텐츠뿐이다.

이렇게 정보는 더욱 편향되고, 시장은 더욱 취약해진다.

그런데 이렇게 좋은 뉴스만 넘쳐나는데 왜 주가는 오르지 않을까? 그 이유는 단순하다. 너무 많이 올랐기 때문이다. 그리고 그 순간부터 시장은 보이지 않는 두 가지 무게에 짓눌리기 시작한다. 바로 공매도와 신용불량이다. 이제부터는 이 두 가지 구조적 문제를 살펴보자.

1. 공매도 - 주가 상승을 노리는 '반대 베팅'

공매도란 주식을 빌려서 판 다음, 주가가 떨어졌을 때 그 주식을 싸게 사서 되갚는 투자 방식이다. 예를 들어 A라는 주식을 10만 원에 빌려서 팔고, 나중에 주식이 8만 원이 되었을 때 사서 갚으면 차익 2만 원이 남게 된다. 한마디로 공매도는 주가 하락에 베팅하는 행위다.

공매도는 언제 가장 많이 늘어날까? 당연히 주가가 급등할 때다. 에코프로, 에코프로비엠, 포스코퓨처엠, 엘앤에프 같은 종목들이 2023년에 폭등하던 순간, 공매도 거래량은 전례 없이 급증했다. 왜냐면 올라가는 주식일수록 언젠가 떨어질 거라는 확신이 커지기 때문이다. 그 확신을 현실로 만들기 위해, 외국인과 기관은 공매도를 집중적으로 쏟아붓는다. 즉, 공매도는 상승 국면에서 상승의 억제제로 작용한다.

개인 투자자 입장에선 주가가 더 오를 것 같지만, 그 순간 누군가는 "여기까지가 끝"이라고 선언하며 대량 공매도를 시작한다. 이들은 단순히 하락을 기다리지 않고 하락을 유도한다. 특히 개인이 신용으로 주식을 사고 있을 경우, 공매도 세력은 그 신용 물량이 '반대매매'로 나올 타이밍을 노리고 매도 포지션을 구축한다. 공매도는 단순한 예측이 아니다. 공매도는 시장에 작용하는 힘 그 자체다.

문제는 불법 공매도가 만연하고 있었다는 점이다. 한국에서 공매도는 제도적으로 차입 후 매도, 즉 주식을 빌려야만 팔 수 있는 구조로 되어 있지만, 실제로는 주식을 빌리지도 않고 먼저 매도하는 '무차입 공매도'가 빈번하다. 이는 자본시장법상 명백한 불법이지만, 적발되더라도 솜방망이 처벌에 그쳤다. 금융당국은 시스템 개선을 외치지만, 정작 금감원은 실시간 추적 시스템조차 갖추지 못하고 있었고, 증권사들도 고의인지 실수인지 모를 허점을 이용해 반복적으로 불법 공매도에 연루되었다. 세계적인 투자은행들이 한국 주식시장에서 수차례에 걸쳐 무차입 공매도를 진행해 과징금을 물었지만, 그 액수는 수익에 비해 터무니없이 작았다. 이처럼 외국계 기관들이 불법 공매도를 저질러도 소액의 과징금만 내면 그만인 구조에서, 개미 투자자들은 아무리 좋은 종목에 투자해도 공매도의 벽에 막혀 수익을 낼 기회를 억울하게 빼앗겼다.

정부에서는 거듭되는 불법 공매도로 주가가 오르지 못한다는 비판에 2023년 11월 6일부터 공매도 전면 금지 조치를 시행했다. 그리고 시스템을 정비한 후 2025년 3월 31일부터 공매도를 전면 허용했다.

2. 신용 물량 - 빚투의 끝은 반대 매매

공매도가 외국인과 기관의 무기라면, 신용은 개인의 무기다. 주가가 급등하면, 개인 투자자들의 심리에 불이 붙는다.

'이렇게 올라가는데, 대출 좀 받아서 넣으면 대박 나겠네?'

이른바 '빚투'다. 빚투는 '신용거래융자'라는 이름으로 증권사에서 돈을 빌려서 주식을 사는 행위다. 증권사들은 담보비율을 설정한 뒤 투자자들에게 돈을 빌려주고, 주식 평가액이 담보비율 아래로 떨어지면 곧바로 '마진콜', 즉 담보금 부족 경고를 날린다. 내일까지 얼마의 현금을 계좌에 더 넣어서 담보비율을 맞추라는 것이다. 만약 마진콜에 대응하지 못한다면 '강제 반대 매매'가 발생한다. 즉, 증권사가 임의로 주식을 시장가로 던져버리는 것이다. 이로 인해 주가는 더 크게 떨어지고, 그 하락은 다시 다른 신용계좌를 압박한다. 도미노처럼 연쇄 반대 매매가 터지고, 주가는 더 깊은 낭떠러지로 떨어진다. 이것이 죽음의 소용돌이(Death Spiral)다. 하락이 단순히 수급에 의한 조정이 아니라, 빚과 구조적 손실에 의해 가속화되는 시스템으로 붕괴되는 것이다.

아무리 좋은 주식도 오르기만 할 수는 없기 때문에 중간에 반드시 어떤 이유에서든 조정이 된다. 실적이 기대보다 낮게 나올 수도 있고, 악재 기사가 뜨기도 한다. 아니면 미국에서 금융 시장 불안 뉴스가 나올 수도 있다. 그러면 '폭탄 돌리기'가 시작된다. 이미 그 주식을 낮은 가격에 많이 사서 큰 수익을 보고 있는 사람들은 당장 팔아도 어차피 이익이니 탈출한다. 그것으로 인해 주가 하락이 발생하면 빚을 많이 내서 산 사람일수록 마진콜을 피하기 위해 빨리 탈출하려고 한다. 그래서 원래였다면 10% 정도 떨어졌을 일에 20~30%씩 급락이 나온다. 사람들이 '이 정도로 떨어질 일은 아닌 거 같은데?'라고 생각하는 동안 한구석에서는 필사의 탈출이 이뤄지고 있다.

이 두 가지는 마치 태풍과 해일처럼 동시에 몰려온다. 처음에는 바람이 불다가, 곧이어 파도가 덮친다. 시장은 하락하고, 투자자들은 물린다. 그래서 전년도 급등주는 사지 말라는 것이다. 작년에 가장 빛났던 종목이 올해 가장 먼저 꺼지는 이유가 여기에 있다. 주가가 폭등하는 동안, 그 종목은 이미 붕괴를 준비하고 있었던 것이다. 이제 당신이 해야 할 일은 단 하나다. 작년에 가장 많이 오른 종목을 올해 절대 사지 마라. 이미 기대는 소진됐고, 구조는 무너지고 있으며, 당신보다 먼저 빠져나갈 사람들이 줄을 서있기 때문이다.

매년
새로운 스타가
탄생한다

03

작년에는 모두가 그 종목을 찬양했다. 길거리 주식 유튜버들은 입을 모아 '이건 진짜다'라고 말했고, 뉴스에서는 해당 기업의 혁신과 미래에 대한 기사들이 쏟아졌다. 애널리스트는 목표주가를 올려 잡고, 기관은 비중 확대 의견을 냈다. 그러나 이상했다. 그렇게 좋다던 종목이 올해는 침묵이다. 찬란했던 한 해를 보내고 나면, 그 종목은 마치 어제 입었던 옷처럼 구석으로 밀려난다. 무대 중앙에는 또 다른 종목과 업종이 떠오른다. 언론은 새 트렌드를 소개하고, 유튜브 알고리즘은 새 영웅을 전면에 내세운다. 그리고 작년의 '스타'는 그렇게 퇴장 당한다.

이는 마치 패션 산업의 시즌 마케팅과 같다. 어느 해 겨울, 모든 사람이 입던 롱패딩은 다음해가 되자 '촌스러운 유물'이 되고, 그 자리는 숏패딩과 발목 부츠가 차지한다. 또 다음해에는 아노락과 고프코어가 등장하고, 그렇게 유행은 돌고 돈다. 왜일까? 그렇게 바뀌어야 소비가 일어난다. 항상 똑같은 것이 유행이라면 사람들은 옷을 새로 사지 않을 것이다. 기업은 팔 게 없고, 잡지는 팔리지 않으며, 쇼핑몰은 매출이 끊긴다. 그래서 유행은 강제로 바뀌어야만 하는 것이다.

주식시장도 다르지 않다. 특히 한국 시장은 더욱 그렇다. 작년을 주도했던 종목은 그저 작년의 유물일 뿐이다. 증권사 리서치센터, 경제신문, 주식 유튜버 등 모두가 다음 콘텐츠를 만들어야 먹고 살 수 있다. 계속 똑같은 종목을 붙들고 있어봐야 조회수도 안 나오고, 투자금도 안 움직인다. 누군가는 새로운 스타를 창조해야 하고, 누군가는 그것을 노출시켜야 하고, 누군가는 따라가야 한다. 그렇게 세상은 또 한 번 '다음 것'을 소비하러 움직인다.

이 구조는 생각보다 정교하다. 연초가 되면 애널리스트들은 '202X년 투자 유망 업종'이라는 보고서를 낸다. 언론은 그것을 기사화한다. 포털은 그것을 메인에 배치한다. 유튜버는 해당 보고서를 읽고 영상으로 만든다. 그리고 개인 투자자들은 '올해는 이게 간다더라'는 소문에 따라 매수를 한다. 그렇게 새로운 트렌드가 탄생하는 것이다. 그 업종이 정말로 작년에 비해 더 좋아졌는지는 중요하지 않다. 중요한 건 '올해 처음 듣는 좋은 것처럼 보이게 만드는 것'이다. 그렇게 작년의 스타는 서서히 잊혀지고, 새 스타가 중심에 선다.

이런 흐름은 한국 시장 특유의 구조와도 맞물린다. 미국의 빅테크 기업처럼 세계적으로 압도적인 지배력을 가진 기업이 없는 시장에서는, 매년 같은 종목이 주도주 자리를 차지하기 어렵다. 엔비디아처럼 강력한 시장 장악력을 가진 회사, 테슬라처럼 전기차의 대명사가 되는 회사, 애플처럼 생태계를 장악한 플랫폼 기업이 없다. 그러니 주도주는 매년 바뀌어야 한다. 애널리스트도 바꾸고, 언론도 바꾸고, 크리에이터도 바꾼다. 누가 먼저 신호를 보내든 그들은 결국 한 배를 타고 움직인다.

이는 K팝 아이돌 시장과 똑같다. 어제까지 전 국민이 사랑했던 그룹이 어느 날 갑자기 퇴출되고, 어느 순간 새로운 얼굴들이 '대세'라 불리기 시작한다. 그리고 팬덤도 옮겨간다. 4세대 걸그룹도 잘 모르는데 어느새 5세대 걸그룹이 데뷔한다는 식이다. 투자도 마찬가지다. 하루가 다르게 인공지능이니 로봇이니 새로운 키워드가 태어난다. 엔비디아의 수혜주, 챗GPT 관련주, 우크라이나 전쟁 수혜주, 노란봉투법 수혜주, 한미협력 수혜주 등 끝없이 쏟아지는 트렌드 속에서 '어제의 에이스'는 '내일의 낙폭과대주'가 된다. 어제까지 그렇게 좋아 보였던 종목이 오늘은 별로가 된다.

이것이 바로 한국 증시다. 사람들이 유행을 너무 빨리 바꾸는 나라, 항상 새 것을 원하고, 바뀐 것을 먼저 사는 나라. 그래서 글로벌 기업들이 트렌드를 파악하기 위한 테스트 베드로 삼는 나라. 패션업계가 계절마다 신상품을 만들어내듯 주식시장도 해마다 새로운 키워드를 창조한다. 종목은 '좋아서' 오르는 게 아니라 '새로워서' 오르는 경우가 더 많다. 그리고 아무리 좋은 기업이라도 더 이상 새로운 것이 없다면 주가는 외면당한다.

그러니 기억하라. '작년에 좋았던 건 작년 얘기'다. 올해는 또 다른 스타가 만들어지고, 또 다른 유행의 판이 벌어진다. 작년의 승자가 올해의 낙오자가 될 수 있고, 올해의 기대주는 내년의 실망주가 될 수 있다. 유행을 좇는 투자자는 끝없이 갈아타야 하며, 갈아타는 과정에서 대부분 손실을 경험한다. 이 구조를 이해하지 못하면, 당신은 매년 유행만 좇다가 지쳐 나가떨어질 것이다. 그것이 한국 시장의 진짜 얼굴이다.

이것이 바로 한국 주식시장의 본질이다.
한 해의 영웅은 다음해의 희생양이 된다.
그 종목이 나빠서가 아니라,
모든 기대를 이미 다 써버렸기 때문이다.

수익률 높이는 종목 선택법

제6계명

모 아니면 도 종목을 사지 마라

결과 발표 이후 급락한 기업 리스트

바이오, 게임, 신제품…
결과에
인생을 거는 투자

01

주식시장에서 가장 위험한 종목은 무엇일까? 실적이 나쁜 기업? 아니면 부채가 많은 기업? 아니다. 가장 위험한 종목은, 아직 결과가 발표되지 않은 종목이다. 결과가 나오지 않았기 때문에 뭐든 상상할 수 있고, 상상이 만들어낸 기대감은 실제 기업 가치를 훨씬 뛰어넘는다. 이른바 '모 아니면 도' 종목이다. 임상 결과가 발표되지 않은 바이오 기업, 신작 출시를 앞둔 게임사, 신제품 허가를 기다리는 제약회사, 신사업 수주를 앞둔 중소기업 등이 여기에 해당된다. 이들은 모두 하나의 공통점을 가지고 있다. 지금 당장은 아무 일도 일어나지 않았지만, '무엇인가 일어날지도 모른다'는 가능성 하나만으로 주가가 폭등한다는 점이다.

이 가능성은 투자자들을 도취 상태를 만든다. '임상만 성공하면 수백 배 간다더라', '이번 신작만 터지면 대박이다', '이번 수주만 따면 매출이 두 배가 된다'. 물론 이런 기대감이 현실이 될 때도 있다. 문제는 단 하나의 사건에 많은 사람들의 운명이 걸려있는 구조라는 점이다. 그리고 단 한 번의 실패는 모든 주주를 순식간에 바닥으로 끌어내린다.

이런 구조의 전형이 바로 바이오주다. 아직 제품화되지 않은 파이프라인 하나에 수천억의 시가총액이 달리고, 그 기업의 미래가 임상 3상의 성공 여부에 달려있다. 기대감에 주가는 치솟고, 증권사 리포트는 장밋빛 전망을 쏟아낸다. 하지만 결과가 발표되는 순간, 모든 것이 정리된다. 성공이면 천당, 실패면 지옥이다. 더 큰 문제는, 설령 성공하더라도 시장이 '그 정도 성공은 기대했던 것보다 못하다'고 평가하면 주가가 떨어진다는 것이다. 이른바 '재료 소멸'과 '컨센서스 미달'의 이중 펀치다. 실패하면 당연히 폭락이고, 성공하더라도 기대치에 못 미치면 또 폭락이다. 이 얼마나 잔인한 구조인가. 기업의 펀더멘탈(기업의 장기적 가치와 성장의 근간이 되는 핵심 지표)보다 결과 하나에 모든 운명이 결정되는 종목이라면, 그것은 주식이 아니라 복권과 같다.

게임업계 역시 '모 아니면 도' 구조의 대표 사례다. 게임주는 출시 전까지 온갖 기대감으로 주가가 오르지만, 출시 후에는 실적이 현실화되어 오히려 주가가 떨어지는 경우가 많다. 특히 대작 게임일수록, 전작의 인기가 높았던 게임일수록, 마케팅을 크게 한 게임일수록, 기대치는 하늘을 찌르고 결과는 그 기대를 뛰어넘기가 어렵다. 수개월,

수년간 개발비를 쏟아부어 만든 게임이라 해도 유저들의 반응이 싸늘하면 끝이다. 출시 당일에는 동시접속자 수나 매출 랭킹에 따라 주가가 급등락하고, 일주일만 지나면 흥했다, 망했다 결론이 난다. 주가 역시 그 결론에 따라 잔혹할 정도로 움직인다. 아무리 좋은 실적을 거두더라도 시장 기대치보다 낮으면 하락이고, 기대치보다 높아도 '이미 반영됐다'며 떨어지는 게 한국 게임주의 현실이다.

이런 구조는 단순한 산업의 문제가 아니라, 한국 주식시장 자체의 심리 구조와도 관련이 깊다. 한국의 투자자들은 '결과가 발표되기 전'의 구간을 가장 좋아한다. 아직 무엇도 확정되지 않았고, 가능성만 존재하는 그 시점이야말로 상상의 날개를 펼칠 수 있는 구간이다. 임상, 신작, 수주, 입찰, 승인 등 발표 이전에는 다들 위대한 미래를 가진 기업처럼 보인다. 하지만 발표가 된 순간부터는 '재료 소멸'이라는 이름의 급락이 시작된다. 기대는 현실을 이길 수 없고, 주가는 항상 '현실 이후'를 반영하기 때문이다.

더 큰 문제는 이런 '도박형 종목'에 개인 투자자들의 희망이 집중된다는 점이다. '이 한 방이면 나도 벼락부자 될 수 있다'는 기대 심리, '다른 사람도 다 들어갔는데 나만 안 들어가면 손해일 것 같다'는 군중 심리, '지금이라도 안 타면 뒤처질 것 같다'는 조급함이 뒤섞이며, 검증되지 않은 가능성에 엄청난 돈이 몰린다. 누군가는 희생자가 되는데, 그들 대부분은 '일반 투자자'다.

따라서 이런 종목에 투자하는 가장 현명한 전략은 단 하나다. 결과가 발표된 이후에 들어가라. '모'가 나왔을 때에 뛰어들어도 늦지 않다. 문제는 '도'가 나왔을 경우, 되돌릴 수 없는 손실을 안게 된다. 결국 이 구조는 요행을 바라고, 인생을 걸며, 미래의 불확실한 결과에 베팅하는 게임일 뿐이다. 투자라기보다는 도박에 가깝다. 실패했을 때 감당 가능한 손실이 아니라면, 애초에 베팅해서는 안 된다. 주식은 인생을 거는 도구가 아니다. 당신이 살아온 모든 세월과 앞으로의 인생이 '임상 발표'나 '수주 결과' 하나에 흔들릴 만큼 가볍지 않기를 바란다.

투자라는 게임에는 냉혹한 진실이 하나 있다. '모'가 나왔을 때의 이익보다 '도'가 나왔을 때의 손실이 훨씬 더 치명적이라는 것이다. 우리는 흔히 주가가 오를 때의 희열에 주목한다. 100% 수익, 두 배의 수익, 단기간에 수천만 원을 벌었다는 이야기는 기사에도 나오고 유튜브 알고리즘에도 자주 잡힌다. 그런데 그 반대의 경우, '도'가 나왔을 때, 즉 재료가 실패했을 때의 폭락은 잘 드러나지 않는다. 언론도 침묵하고, 당사자도 조용히 사라진다. 하지만 투자자라면 무엇을 더 경계해야 할까? 당연히 '도'의 순간이다.

왜냐면 돈은 떨어질 땐 50%여도, 다시 회복하려면 100%를 벌어야 한다. 이건 단순한 수학의 법칙이다. 1억을 투자해서 5,000만 원이 됐다면, 다시 1억으로 회복하기 위해선 수익률 100%가 필요하다. 그런데 시장에서 100% 수익을 내는 일은 정말 힘들다. 한번 잃어버리면 되돌리는 데 엄청난 시간이 걸린다. 그래서 큰돈을 넣었는데 '도'가 나왔다면 회생불가 상태가 된다. 소액으로 해본다면 단타도 공부라고 말할 수 있겠지만, 수천만 원이나 1억이 들어간 투자에서 도가 나온다면 그것은 단순한 실패를 넘어 인생의 궤도가 틀어지는 사건이 된다. 그래서 주식은 덜 먹더라도 크게 잃지 않는 것이 훨씬 중요하다. 그래야 오래 버틸 수 있다. 오래 버티는 사람이 결국 이긴다.

또 하나 중요한 건 연속성이다. '모'가 나와서 큰 수익을 봤다고 치자. 그러면 자신감이 생기고, '나는 될 놈이다'라는 착각에 빠진다. 그런데 계속해서 '모'가 나올 확률은 낮다. 한 번쯤은 '도'가 나올 확률이 더 크다. 대부분의 투자자들은 한번 성공을 맛본 다음에 점점 베팅 규모를 늘린다. 처음엔 100만 원으로 '모'를 맞았지만, 다음에는 500만 원, 그 다음엔 2,000만 원, 그러다가 결국 전 재산을 걸고 베팅한다. 그때 '도'가 나오면 끝이다. 전 재산을 걸기 전에 그만두는 사람은 거의 없다. 자신감은 중독이 된 것처럼 점점 커지다가 언젠가는 꼭 나오게 되는 '도'를 맞이하고 나서야 멈추게 된다. 이건 운이 아니라 수학의 확률이다.

그러니까 꾸준함이 중요하다. 수익이 작더라도 꾸준히 쌓이면 복리로 커진다. 그런데 '모' 아니면 '도'에만 집착하는 사람은 절대로 복리를 누릴 수 없다. 왜냐면 언젠가는 반드시 '도'를 만나게 되기 때문이다. 한 번이라도 '도'가 나오면, 그동안 얻었던 수익이 모두 사라진다. 그래서 '도'의 순간을 경계해야 한다. '모'가 나왔을 때를 부러워할 필요는 없다. 그것은 요행이고, 오래가지 않는다. 주식에서 가장 중요한 건 생존이다. 살아남는 자만이 수익을 얻을 수 있다.

미국에는 워런 버핏이 있다. 수십 년간 장기적으로 복리 수익을 쌓아온 인물이다. 그의 연평균 수익률은 20% 남짓이지만, 무려 40년간 꾸준히 이어간 것이다. 반면 한국에는 그렇게 성공한 장기 투자자가 없다. 왜일까? '모 아니면 도'에 너무 집착하기 때문이다. 한때 잘나가던 전문가, 유튜버, SNS 고수들이 반짝 떴다가 사라지는 이유다. '모'를 맞은 순간엔 유명인이 된다. 그러나 '도'가 나오면 추락한다. 한국 주식시장은 연속성을 허용하지 않는 구조다. 그 구조를 이기는 방법은 단 하나, '모 아니면 도'에 빠지지 않는 것이다.

투자의 본질은 꾸준함이다. 천천히, 그러나 안정적으로 수익을 쌓아가는 과정이다. 인생을 한순간에 바꾸겠다는 욕망은 투자에서 가장 위험한 심리다. 그래서 우리는 묻는다. 당신은 진짜로 '모가 나올 거라 믿고 있는가? 아니면, '도'가 나왔을 때 감당할 준비가 되어 있는가? 둘 다 아니라면, 그 투자에서 한발 물러나는 게 낫다. 진짜 투자자는 요행이 아닌 구조를 만든다. 구조 속에서 꾸준함을 지켜낸다. 그것이 바로 우리가 살아남는 유일한 길이다.

'재료 소멸'과 '모 아니면 도'는 얼핏 비슷해 보이지만, 본질이 다르다. '재료 소멸'은 결과가 아무리 좋아도 주가가 떨어진다. 기대감이 이미 주가에 반영된 탓이다. 반면 '모 아니면 도' 구조는 다르다. 결과가 좋으면 실제로 주가가 오르기 때문이다. 발표가 임박했을 때까지는 사람들의 기대감이 잔뜩 반영되고, 그 기대가 현실화되면 크게 상승한다. 그렇기에 많은 투자자들은 이렇게 기대한다.

'그래도 임상 성공하면 오르잖아.'
'게임이 흥행하면 다시 반등할 거야.'

'이거 대박나면 간다니까?'

그래서 더 위험하다. 어쩌다 나온 한 번의 성공 사례에 기대어 그 성공이 반복될 것이라고 믿게 된다.

그렇다면 방법은 하나다. 굳이 '도'의 리스크를 감수하며 미리 들어갈 필요가 없다. 어차피 '모'가 나오면, 즉 결과가 잘 나오면 그때도 충분히 올라탈 기회는 있다. 물론 그때 주가가 조금 올랐을 수 있지만, 손실을 막기 위한 보험이라 생각하면 싸게 먹힌다. 정말로 중요한 건, 한번 '모'가 나왔다고 해서 다음에도 '모'가 나올 거라고 보장할 수 없다는 사실이다.

투자는 확률의 게임이지 요행을 기대하는 게임이 아니다. 결과 하나에 인생을 거는 투자는 투자라기보단 도박에 가깝다. 그러니 '모가 나오면 올라탈 수 있다'는 냉정한 태도로 임해야지 '도'가 나올 확률을 감수하면서까지 돈을 걸 필요는 없다. 그건 너무 위험한 도박이다.

빛나는 순간:
모가 나왔을 때

02

카카오게임즈와 〈오딘〉-
3일 만에 신화가 된 게임, 한 달 만에 두 배가 된 주가

2021년 6월 29일 오전, 투자자 커뮤니티에서 일찍부터 술렁임이 감지됐다.

"오늘 〈오딘〉 출시일이야."

"서버 터질 것 같은데?"

"이게 진짜 〈리니지〉 대항마야?"

게임을 하지 않는 사람들조차도 이름을 알 정도인 MMORPG 〈오딘: 발할라 라이징〉. 개발은 라이온하트스튜디오가 맡았고, 퍼블리싱은 카카오게임즈가 담당했다. 그해 초부터 역대급 그래픽, 언리얼 엔진4 기반, 장비 강화에 P2E 요소까지 등 화려한 홍보 문구들이 쏟아졌고, 투자자들은 그 기대를 주가에 반영하기 시작했다.

사전예약자 수는 무려 400만 명을 돌파했다. 게임업계에서는 흔치 않은 숫자였다. 대부분 MMORPG는 100만~200만 명 수준에서 머무는 것이 일반적이었다. 400만이라는 숫자는 그 자체로 사건이었다. 그리고 6월 29일, 정식 출시되자마자 〈오딘〉은 애플 앱스토어와 구글플레이 스토어에서 1위에 올랐다. 시장은 환호했다

그날 오후, 유튜브에는 리뷰 영상이 쏟아졌다. '그래픽 미쳤다', '〈리니지〉 뺨친다', '무과금도 재밌다'는 찬사가 이어졌고, 게임 방송 스트리머들은 너도나도 〈오딘〉 방송을 틀었다. 게임을 켜면 서버 대기시간이 30분 이상이었다. 대기열이 밀려 접속조차 못 하는 사람들이 나왔고, 디스코드와 커뮤니티에서는 '현금으로 계정을 사고 싶다'는 글로 도배됐다.

주식시장도 즉각 반응했다. 〈오딘〉 출시 당일, 카카오게임즈의 주가는 5만 9,700원으로 상승하며 마감했다. 다음날, 〈오딘〉이 양대 마켓 1위를 달성했다는 소식이 퍼졌고, 7월 2일 매출 순위가 〈리니지〉를 제쳤다는 소식에 주가는 7만 1,600원으로 급등했다. 그리고 출시 한 달이 지나도록 매출 1위가 유지되자 단순히 반짝 인기가 아니라는 분위기가 형성됐다. 7월 26일, 카카오게임즈의 주가는 10만 6,000원까지 상승했다. 한 달 만에 주가가 두 배가 된 것이다.

이 시기 카카오게임즈 관련 뉴스는 하루에도 수십 건씩 쏟아졌다. '오딘, 리니지 잡는다', '카카오게임즈, 퍼블리싱 역사 새로 썼다',

■ 카카오게임즈 주가 차트 (2021년 1월~2022년 12월)

'신작 하나로 영업이익 6배 폭등' 등 기자들마저 그 열기를 온몸으로 체감하고 있었다. 누구도 반대 의견을 내지 않았다. 〈오딘〉을 까는 기사 한 줄만 써도 악성 댓글이 달렸고, 주주들의 항의 전화가 쏟아졌다. 모두가 '모'를 외쳤다.

카카오게임즈는 그 기세를 실적으로 증명했다. 2021년 3분기, 카카오게임즈의 영업이익은 427억 원으로 전년 동기 대비 무려 101%가 증가했다. 급등한 주가에 맞춰 실적이 받쳐준 것이다. 매출도 4,662억 원으로 전년 동기 대비 210% 증가했다. 실적 발표가 나자 다시 증권가가 움직였다. 다들 카카오게임즈의 목표가를 줄줄이 상향했다. 한동안 내려가던 카카오게임즈의 주가는 다시 타오르며 11월 17일 11만 6,000원까지 상승했다. 그 시기 투자자들의 심리는 완전히 뒤바뀌어 있었다. '이건 더 간다', '한번 맛보면 못 헤어난다더라', '지금 안 사면 바보다'.

아무도 모바일 MMORPG 시장이 포화 상태라는 말은 하지 않았다. 카카오게임즈는 '오딘의 퍼블리셔'라는 타이틀만으로도 게임주의 스타로 올라섰다. 일부 투자자는 회사의 전체 게임 라인업도 살펴보지 않았다. 〈오딘〉 하나만 보면 되니까. 그것이 '모'가 나왔던 순간의 위력이다.

〈오딘〉의 성공은 단순히 카카오게임즈의 실적이나 주가를 올린 것이 아니었다. '모 아니면 도'라는 주식시장의 본능을 자극하는 전형적인 시나리오를 제공했다. 게임이 대박이 났고, 실적이 터졌고, 주가는 2배가 됐으며, 모두가 찬사를 보냈다. 아무도 이 흐름이 꺾일 것이라 예측하지 않았다. 모든 사람이 '다음 분기엔 더 벌겠지'라고 생각했다. 그러나 그 '모'가 단 한 번이었다는 것을 깨닫는 데는 그리 오래 걸리지 않았다.

위메이드와 〈미르4〉 글로벌 버전-
"이게 바로 P2E다!" 전혀 새로운 '판'이 열린 날

2021년 8월 26일. 그날은 평범한 목요일이 아니었다. 한국 게임사 위메이드가 글로벌 버전의 〈미르4〉를 정식 출시한 날. 평소에는 게임 유저들만 신경을 썼겠지만, 이날은 달랐다. 출시 전부터 투자자 커뮤니티에서는 처음 보는 키워드가 떠돌았다. 'P2E', '위믹스

코인', '자산 전송', '게임 하면서 돈 번다' 등 모든 것들이 생소했지만, 하나만은 확실했다. 기존에는 없었던 뭔가 새로운 일이 벌어지고 있다는 것.

P2E, 즉 Play to Earn. '게임을 하면서 돈을 번다'는 개념이다. 〈미르4〉 글로벌 버전은 게임에서 재화를 채굴하면 그것을 위믹스(WEMIX)라는 암호화폐로 바꿔주고, 그걸 다시 현금화할 수 있는 구조였다. 게임을 하다 보면 '흑철'이라는 아이템이 나오는데, 이걸 위믹스 토큰으로 교환한 후 거래소에서 현금으로 팔 수 있었다. 즉, 〈미르4〉는 단순한 게임이 아니라 작은 암호화폐 채굴장이자 미니 경제 시스템이었다. 처음 듣는 사람은 이해가 되지 않았고, 이해한 사람은 흥분했다.

〈미르4〉 게임은 출시 직후 구글플레이 1위에 등극했다. 글로벌 다운로드 수 500만 돌파. 디스코드 커뮤니티에는 동남아시아 유저들이 몰려들었다. 인도네시아, 필리핀, 태국의 10대들이 밤낮없이 PC방과 스마트폰으로 〈미르4〉를 돌렸다.

"학교 가기 전에 흑철 돌려놔야 돼."

"오늘 목표는 위믹스 2개!"

단순한 게임이 아니라 알바이자 투자 수단이 된 〈미르4〉는 하루아침에 전 세계를 휩쓸었다. 주식시장의 반응은 폭발적이었다. 게임 출시 전날 위메이드 주가는 3만 5,000원대였다. 8월 30일 위메이드는 상한가를 기록하며 4만 원을 돌파했다. 하지만 기세는 여기서 멈추지 않았다. 위메이드는 9월 1일 5만 4,000원, 9월 3일 6만 6,000

원을 돌파하며 파죽지세로 상승했다. 게임 출시 불과 일주일 만에 주가는 두 배가 되었다.

이건 시작에 불과했다. 9월 중순, 위믹스 코인 가격이 2달러를 돌파하자 주가도 7만 4,000원을 돌파하며 치솟았다. 9월 23일, 위메이드는 공식 IR을 통해 '위믹스는 단순 게임 아이템이 아니라 블록체인 플랫폼 생태계의 핵심'이라고 발표했다. 그 말 한마디에 투자자들은 흥분했다.

'이건 단순 게임이 아니야.'

'그냥 게임 회사가 아니라, 블록체인 플랫폼이래!'

'메타버스보다 더 빠른 미래가 여기에 있어.'

10월 1일, 위메이드 주가는 8만 원을 돌파했다. 10월 5일에는 9만 6,000원, 10월 14일에는 11만 원을 넘어섰다. 게임 출시일 기준으로 3만 5,000원이었던 주가가 불과 두 달 만에 3배 넘게 폭등한 셈이다. 기업 가치? PER? 실적? 아무도 신경 쓰지 않았다.

'이건 시총 10조도 가능하다', '이게 코스닥의 테슬라다', '이제 위믹스는 세계 통화가 된다'는 유튜브 영상이 수십만 조회수를 찍었고, 증권사 애널리스트도 위믹스에게 '블록체인 게임 시장의 선구자'라는 타이틀을 부여했다. 시장에 광기가 돌았다. 단순한 '모'가 아니라, 신의 주사위가 나온 느낌이었다. 무엇보다 투자자들은 달콤한 착각에 빠졌다. '게임 잘 만들면 이렇게 된다', '이제 P2E 시대가 왔다', '이런 신개념 게임이 나올 때 미리 사야 대박이 난다' 등.

'게임을 하며 돈을 번다'는 말도 안 되는 구조가 무너질 리 없다는

■ 위메이드 주가 차트(2021년 7월~2022년 11월)

믿음. 수익 모델이 불안정하다는 건 알지만, 그 불안을 막연한 기대가 덮어버렸다. 회사도, 시장도, 언론도, 유튜버도 전부 한 방향만 바라봤다. '이건 앞으로 몇 년간 계속될 흐름이다', '이게 미래다'.

위메이드의 상승세는 쉽사리 꺾이지 않았다. 10월 말 위메이드 주가는 18만 원을 넘어섰고, 11월에는 24만 원을 넘었다. 그야말로 광기라는 말로밖에 설명할 수 없는 시장이었다. 위메이드는 게임 하나로 주가가 7배나 오르는 기염을 토했다. 그러나 그 모든 광기는 단 하나의 질문 앞에 무너지고 말았다.

"게임으로 돈을 버는 사람이 늘어나면, 그 돈은 누가 대주는가?"

그 물음의 답이 밝혀지기 시작하는 순간, 주가는 무너지기 시작한다. 결국 위메이드의 주가는 1년 뒤인 2022년 11월 3만 5,000원대로 회귀했다. 2021년 가을의 위메이드는 '모'의 정점에 서있었다. 누구도 의심하지 않았다. P2E라는 새로운 용어가 세상을 바꾼 것만 같았으니까.

데브시스터즈와 〈쿠키런: 킹덤〉 - '망한 줄 알았던' 회사의 역습

2021년 1월 21일. 앱스토어 실시간 다운로드 1위에 익숙한 얼굴이 올라왔다. 진저브레드 맨, 용감한 쿠키, 명랑한 쿠키 등 이름만 들어도 달달한 그 쿠키들이 〈쿠키런: 킹덤〉이라는 이름으로 다시 돌아왔다. 데브시스터즈의 야심작이었다.

사실 투자자들은 이 게임이 나오기 전까지도 데브시스터즈에 큰 기대를 하지 않았다. 2013년 원조 〈쿠키런〉으로 큰 인기를 끌었던 이 회사는 이후 내놓는 게임마다 흥행에 실패했다. 〈쿠키런: 오븐브레이크〉, 〈쿠키워즈〉 등이 줄줄이 참패했고, 적자 행진이 이어졌으며, 주가는 1만 원 안팎을 오르락내리락하여 별다른 기대도 관심도 받지 못한 게임주였다. 그러다가 쿠키런 IP를 활용해 소셜 RPG 요소를 결합한 〈쿠키런: 킹덤〉을 조용히 출시한 것이다. 처음에 업계의 반응은 미지근했다.

"데브 또 쿠키 내놨대."

"이번엔 좀 잘될까?"

이런 우려를 잠재우듯 게임 출시 직후 앱스토어 인기 1위, 매출

■ 데브시스터즈 주가 차트(2021년 1월~2022년 1월)

순위도 빠르게 10위권에 진입했다. 쿠키 캐릭터마다 성우가 붙고, 세계관이 확장되고, 길드 콘텐츠와 PVP까지 도입된 완성도 높은 게임성은 유저들 사이에서 입소문을 탔다. 이런 흐름은 한국을 넘어 일본에서도 대박이 났다. '한국 게임이 일본 시장을 이렇게 빠르게 장악한 건 드물다'는 평가가 나올 정도였다.

주식시장도 즉각 반응했다. 게임 출시일 1만 7,250원이던 주가는 2일 연속 상한가를 기록하며 단숨에 2만 9,000원을 돌파했다. 2월 1일에는 4만 1,850원까지 상승했다. 단 1주일 만에 2.5배 상승. 불붙은 시장은 거침이 없었다. 2월에는 6만 원을 넘더니 3월 말에는 16만 원을 돌파했다. 게임 출시 두 달 만에 9배 상승한 것이다.

언론은 '소외주 데브시스터즈의 부활', '한국판 디즈니를 꿈꾸는 쿠키런'이라는 제목의 기사를 쏟아냈다. 유튜브에는 '쿠키런: 킹덤

과금 공략', '캐릭터 티어 리스트' 영상이 넘쳐났고, 증권사에서는 쿠키런의 글로벌 확장성을 분석한 리포트가 발행되기 시작했다.

시장에선 새로운 환상이 피어올랐다.

'데브시스터즈도 이렇게 됐는데, 작은 게임사 중에 또 터질게 있지 않을까?'

'쿠키런도 되는데, 뽀로로 게임도 되지 않을까?'

'이제는 소형 게임주 전성 시대다!'

'모'는 하나였지만, 그 '모'가 다른 '모'를 꿈꾸게 만들었다. 다음 '모'는 어디일까? 이런 분위기 속에서 데브시스터즈는 하나의 문화 브랜드처럼 부상했다. 쿠키런 굿즈가 품절되고, CU편의점과 협업한 도시락이 나왔으며, 캐릭터 성우들이 출연한 유튜브 콘텐츠는 수백만 뷰를 기록했다. 쿠키런은 단순한 게임이 아니라, IP 산업의 총합체이자 Z세대의 문화 코드였다. 그리고 그 순간만큼은 완벽한 '모'였다.

엔씨소프트와 <리니지2M> - 100만 원을 돌파한 한국 게임주의 상징

2021년 게임주들이 유독 좋았던 배경에는 사실 하나의 상징적 존재가 있었다. 2020년 전 세계를 휩쓸었던 팬데믹으로 인해 사람들은 외부 활동을 극도로 꺼리게 되었고, 모바일 게임주들의 실적 기대감이 높아졌다. 각국 정부의 지원금 살포로 인해 현금 유동성이

■ 엔씨소프트 주가 차트(2019~2022년)

높아지면서 게임 아이템 결제액이 늘어났고, 게임주는 팬데믹 트렌드에 맞는 섹터로 떠올랐다.

그 중심에 대장주 엔씨소프트가 있었다. PC 게임 〈리니지〉로 초대박을 터뜨렸던 엔씨소프트는 스마트폰 환경에 맞는 〈리니지M〉과 〈리니지2M〉이 연달아 대박을 치며 PC 게임의 성공 DNA를 모바일로 이식하는 데 성공했다. 당시 〈리니지〉 시리즈는 양대 앱스토어 매출 1위를 독식했고, 한 해 실적을 사상 최대치로 경신했다.

시장 반응은 폭발적이었다. 엔씨소프트는 '팬데믹의 상징'이 되어 2020년부터 2021년 2월까지 꾸준히 상승했고, 마침내 주당 100만 원을 돌파하며 황제주에 등극하게 된다. 이 사건은 게임주가 시장의 중심에 설 수 있다는 것을 보여준 상징적인 사건이었다. 언론은 'K게임의 시대', '코로나 수혜주', '한국형 넷플릭스는 게임'이라는 키워드를 붙였고, 기관 투자자들은 엔씨소프트의 시가총액 상승을 '합리적 재평가'라고 칭하며 적극 매수에 나섰다. 리서치센터들은 너 나 할 것 없이 목표 주가를 120만 원 이상으로 제시했고, 주식 커뮤니티에선 '게임주는 이제 반도체급'이라는 말까지 돌았다.

이런 엔씨소프트의 성공은 단순히 한 종목의 상승으로 끝나지 않았다. 2021년 게임주 전반에 걸친 매수 심리를 유발한 것이다. 앞서 설명한 카카오게임즈, 위메이드, 데브시스터즈 등 신작을 출시하거나 기대감을 올리고 있는 기업들이 모두 '제2의 엔씨소프트'를 꿈꾸며 주가가 날아올랐다.

'엔씨가 저만큼 갔으면, 여기도 반만 가도 대박이잖아?'

'이제 게임주도 장기투자할 수 있는 시대야.'

투자자들은 이렇게 믿기 시작했고, 그 믿음은 시장 전체에 게임 섹터 랠리를 촉발시켰다. 엔씨소프트의 주가는 곧 게임주의 기준점이 되었다. 누구나 엔씨를 중심에 두고 다른 게임주의 위치를 비교했다. '카카오게임즈는 아직 싸네', '위메이드는 후속작만 터지면 바로 저기로 간다', '데브시스터즈는 지금 싸게 사는 엔씨야' 등.

이 시기의 게임주는 AI, 메타버스, NFT 못지않은 하나의 거대한 '서사 산업'이 되어가고 있었다. 물론 이 모든 건 '모'가 나왔을 때의 이야기였다. 팬데믹이 종식되며 다시 사람들의 야외 활동이 늘어나게 되면서 게임주의 열기가 증발하자 100만 원을 넘었던 엔씨소프트의 주가는 2022년 하반기엔 30만 원대까지 추락했다.

유한양행과 렉라자 -
한국 폐암 치료제의 꿈이 실현되던 날

2024년 8월 21일 아침, 한국 증시를 흔드는 뉴스가 터졌다.

'유한양행, 폐암 신약 '렉라자' 미국 FDA 판매 승인 획득'

이 짧은 문장에는 수십 년간 기다려온 바이오 업계의 염원이 담겨 있었다. 그간 한국의 바이오 산업은 수많은 임상 실패와 기술 이전 무산으로 투자자들을 번번이 실망시켜 왔다. 그러나 이번에는 달랐다. 정식 판매 허가. 미국 FDA. 폐암 치료제. 무엇 하나 빠짐없이 강력한 키워드였다. 한국에서 만든 항암제가 FDA의 문턱을 최초로 넘은 것이다.

그날 오전 9시 정각, 유한양행 주식은 폭발적으로 거래되기 시작했다. 9만 원대였던 유한양행의 주가는 일주일 뒤에 13만 원을 돌파했다. 시가총액이 10조 원에 달하는 대형주의 움직임이라고 보기에는 깃털처럼 가벼운 상승이었다. 뉴스는 쏟아졌다.

'렉라자, 아스트라제네카의 '타그리소'에 도전장'

'한국 바이오, 글로벌 무대 첫 진출 사례'

'유한양행, 국내 제약사 최초로 FDA 판매 허가 받아'

시장은 열광했고, 투자자들은 흥분했다. 전문가들은 '2024년 하반기 최고의 재료'라고 평가했고, 언론은 'K-바이오의 르네상스가 시작됐다'는 뉴스를 내보냈다. 유한양행의 이 사건은 단순한 상승이 아니었다. 그간 고꾸라지기만 하던 한국 바이오 산업에 희망의 불씨를 던진 것이었다.

이 뉴스는 유한양행뿐 아니라 바이오 섹터 전체로 번져갔다.

'유한양행도 해냈는데, 우리도 가능하지 않겠어?'

항암제를 연구하고 있는 각종 바이오주들이 일제히 상승했다. 그리고 유튜브와 커뮤니티에서는 '유한양행, 이제 제2의 셀트리온이다' '한국형 암 정복 기업, 장기투자 1순위' '이제는 실적보다 파이프라인이다' 같은 기대감들이 쏟아졌다. 유한양행의 주가는 10월에 16만 원을 돌파하며 사상 최고가를 기록했다.

이처럼 '모'의 순간을 누린 강렬한 기억 때문에 개인 투자자들은 도파민에 중독되어 끊임없이 '모 아니면 도' 상황에서 '모'가 나오기를 기대하면서 주사위를 굴린다. 운이 좋아 한두 번은 '모'를 맞을 수 있겠지만, 결국 반복하다 보면 '도'의 순간이 나오기 마련이다. 그렇다면 이제부터 '도'의 순간을 살펴보자.

■ 유한양행 주가 차트(2024년 1월~2025년 9월)

쪽박의 순간:
도가 나왔을 때

03

헬릭스미스 - 기대가 컸던 만큼, 배신감도 컸다

    2019년, 코스닥 시장에서 가장 주목받는 기업 중 하나는 단연 헬릭스미스였다. 대표 파이프라인인 VM202는 세계 최초의 유전자 치료제로, 당시 너무도 획기적인 기술이었다. 기존 당뇨병성 신경병증 치료제는 통증을 완화하는 데 집중했지만, VM202는 신경을 재생시켜 근본적으로 병을 치료하는 게임 체인저로 소개되었다.

'세계 최초 유전자 치료제, 4조 시장 노린다'

'미국 FDA 3상 순항 중, 결과 발표 임박'

'한국판 앰젠(Amgen), 노바티스급 바이오 유니콘 등장하나'

    언론은 연신 헬릭스미스를 띄웠고, 유튜브는 찬양했다. 전문가

■ 헬릭스미스 주가 차트(2017~2025년)

인터뷰, 투자자 모임, 증권사 리포트, 심지어 청와대 국민청원 게시판에도 '헬릭스미스 임상 3상 결과 성공을 기원합니다'라는 글이 올라올 정도였다. 당연히 주가도 미친 듯이 올랐다. 2019년 3월, 헬릭스미스의 주가는 17만 원을 넘었고, 시가총액은 5조 원에 육박했다. 주식 커뮤니티에서는 '이건 거의 확정이다. 실패하면 미국 FDA가 미친 거지' '전 재산 올인했는데 9월에 결과 나오면 은퇴다'라는 글이 넘쳐났다.

그러나 9월, 운명의 날이 찾아왔다. 2019년 9월 23일, 헬릭스미스는 임상 3상 톱라인 결과를 발표했다. 그 결과는 한마디로 '혼돈'이었다.

'플라시보 군과 약물 군의 데이터가 섞였다.'

'혼용 문제가 발생해 유의미한 결과를 도출할 수 없었다.'

주가는 폭포처럼 추락했다. 2연속 하한가를 맞으며 주가는 걷잡을 수 없이 하락했다. 순식간에 주가 5만 원대가 붕괴됐다. 1년 뒤인 2020년 다른 종목들이 엄청난 상승을 하는 동안에도 헬릭스미스는 하락만을 거듭했다. 결국 주가는 1만 원대까지 떨어지며 고점 대비 10분의 1 토막이 나고 말았다. 2025년 4월에는 2,000원대까지 떨어지며 사실상 시가총액이 거의 다 날아가고 말았다. 무엇이 문제였을까?

단순한 임상 실패만의 문제가 아니었다. 헬릭스미스의 설명이 전혀 납득되지 않았기 때문이었다. 약효를 입증하지 못한 것이 아니라 '데이터가 섞여서 분석 자체가 불가능하다'는 설명은 국내외 전문가들조차 '전례 없는 해명'이라고 혀를 찼다. 투자자들은 분노했다. 기자회견장에서 소리를 지르고, 인터넷 커뮤니티에서는 '내 노후가 무너졌다', '10년 모은 돈, 하루 만에 날렸다', '이 회사는 임상보다 IR만 잘한다'는 비난이 쏟아졌다.

이후에도 헬릭스미스는 임상을 다시 한다고 했지만, 이미 신뢰는 무너진 뒤였다. 그렇게 한 시절 화려했던 코스닥 바이오 기대주는 조용히 무대 뒤로 사라졌다.

신라젠 - 고점에서 터진 악몽, 희망은 분노로 바뀌었다

2017년 당시 코스닥에 투자했던 사람이라면 신라젠이라는 이름을 모를 수 없을 것이다. 당시 신라젠은 단기간에 시가총액 10조 원을 돌파하며 셀트리온에 이어 코스닥 2위 자리에 올랐다. 대표 파이

■ **신라젠 주가 차트(2017~2020년)**

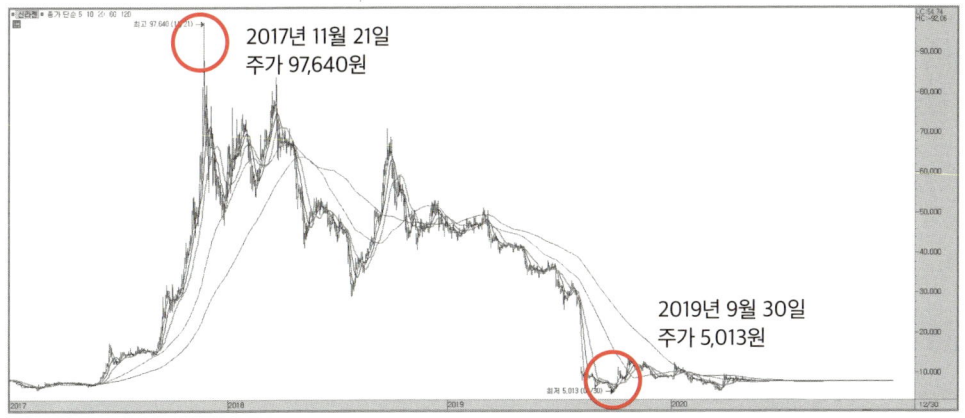

프라인인 펙사벡(Pexa-Vec)은 전이성 간암 치료를 위한 항암제로, 기존 항암제의 한계를 넘는 '차세대 면역 항암제'였다. 당시 가장 뜨거웠던 면역 항암이라는 키워드를 달고 승승장구했다. 당시 투자자들 사이에선 이런 말이 돌았다.

'이건 한국판 키트루다다.'

'FDA 승인이 나면 코스피로 이전 상장하고, 주가는 30만 원대까지 간다.'

'펙사벡만 성공하면 삼성전자보다 더 간다.'

실제로 신라젠의 주가는 무섭게 치솟았다. 2017년 5월 7,000원대였던 주가는 11월에 9만 원을 돌파하며 13배 이상 올랐다. 이 시기의 신라젠은 단순한 바이오 기업이 아니었다. 코스닥의 상징, 개인투자자의 희망, '한국 바이오의 미래' 그 자체였다. 그러나 희망은 너무도 빠르게 무너졌다.

2019년 8월 2일. 임상 결과 발표도 아닌, 단 한 줄의 공시가 나왔다.
'FDA, 펙사벡 임상 3상 무용성 평가(IDMC) 권고'

풀이하자면, '더 이상 임상 시험은 의미 없다. 중단하는 게 좋겠다'는 뜻이었다. 시장 반응은 참담했다. 3연속 하한가를 맞으며 주가는 순식간에 3분의 1 토막으로 내려앉았다. 그야말로 '쪽박'이었다. 그동안의 모든 기대는 무용했다. 시가총액이 수조 원 증발하며 수십만 명의 개미 투자자들이 순식간에 절망의 나락으로 떨어졌다.

문제는 임상 실패가 아니었다. 신라젠을 둘러싼 이상한 정황들이 드러나기 시작했다. 임상 결과를 발표하기 전, 주요 경영진이 주식을 대량 매도했다. 실패 가능성을 알고도 숨겼다는 의혹이 일었고, 결국 금융당국 조사와 함께 대표이사가 구속되었다, 2020년 5월 거래 정지를 당했다가 상장 폐지 심사에서 구사일생했고, 2022년 10월에서야 거래가 재개됐지만 이미 주가는 만신창이가 되었다.

한때 코스닥 2위였던 회사가 순식간에 퇴출 위기 기업으로 전락하자 투자자들은 분노했다. 그들은 단순히 임상이 실패한 게 아니라 '투자자들을 기만한 사건'이라고 주장했다. 온라인 커뮤니티에는 '이게 나라냐?', '저는 퇴직금 다 넣었어요', '이럴 거면 차라리 사기라고 해라' 등 절규가 넘쳐났다.

이 사건은 단지 한 종목의 실패만을 보여주는 것이 아니다. 한국 바이오 투자에 대한 집단적 회의감을 불러왔다. 헬릭스미스가 '혼용'이라는 이상한 핑계를 댔다면, 신라젠은 임상 중단을 알고도 이를 주주에게 알리지 않은 정황으로 한국 바이오 투자 시스템 자체에 대한 신뢰를 무너뜨렸다.

무엇보다 문제는 '도'가 나왔을 때의 손실 규모가 너무 컸다는 점이다. 한때 시가총액 10조 원에 달했던 기업이 결국 거래 정지, 상장폐지 직전에 놓인 1,000억대 기업으로 전락했다. 이 사건 하나로, 수십만 명의 투자 인생이 박살났다. 이것이 바로 '모 아니면 도'의 리스크다. '모'가 나오면 인생 역전이지만, '도'가 나오면 모든 게 끝난다. 그 어떤 반등도 회복도 기대할 수 없는, 단 한 번의 폭락이 인생을 무너뜨리는 시장. 바로 한국 바이오 시장의 냉혹한 현실이다.

HLB - 리보세라닙, 간암에서는 다를 줄 알았다

HLB의 항암제 리보세라닙은 오랜 기간 FDA 허가에 도전해 왔다. 2008년부터 시작된 도전은 계속되는 실패를 거듭하며 진행되었다. 리보세라닙은 처음에 위암 치료제로 도전했지만 실패하자 간암 치료제로 재도전했다. HLB가 기대를 걸었던 리보세라닙의 간암 치료제 적응증은 그동안 실패했던 위암 적응증과는 다르다고 평가받았다. 간암은 상대적으로 치료 옵션이 적었고, HLB 측은 '충분한 데이터 확보'와 '미국 파트너십을 통한 신뢰도 제고'를 강조했다. 시장 분위기도 좋았다. 중국 항서제약과의 협력, 글로벌 트렌드, 여기에 '간암 분야에서는 리보세라닙이 통할 수 있다'는 전문가들의 코멘트도 줄을 이었다.

2024년 상반기, 주가는 다시 기대감에 들썩였다.

'이번에는 정말 다르다.'

'이번에 승인받으면 10배 간다.'

HLB 주가는 2024년 3월 기준으로 12만 원대까지 상승했다. 회사 측도 '승인 가능성이 매우 높다'며 자신감을 내비쳤다. 하지만 2024년 5월 16일, FDA에서 온 통보는 단 한 문장으로 요약됐다.

'데이터가 불충분해 허가할 수 없다.'

FDA는 리보세라닙의 간암 적응증 허가를 거절했다. 그날 이후 주가는 급락하여 9만 원대이던 주가는 2연속 하한가를 맞으며 4만 원대로 추락했다. HLB 측은 즉각 보완 자료를 제출하겠다고 계획을 발표했지만, 시장은 예전만큼 반응하지 않았다. 신뢰가 무너졌기 때문이다. 어쨌든 회사 측은 재도전을 선언했다. 보완 자료와 함께 2025년 초 재신청을 예고했고, 투자자들은 또 한 번 '다시 일어설 수 있다'는 기대를 품었다.

'보완 자료만으로도 충분히 통과될 수 있다.'

'이번엔 FDA 내부 기류가 우호적이다.'

'간암 적응증은 여전히 가능성이 있다.'

그러나 2025년 3월 20일, FDA는 다시 승인을 거절했다. 두 번째 충격은 돌이킬 수 없는 신뢰의 붕괴를 의미했다. 주가는 즉시 6만 원대에서 4만 원대로 급락했다. 회사는 간암 허가 재신청과 더불어 담관암 치료제로 다시 도전하겠다고 발표했지만, 이제는 그 말을 믿는

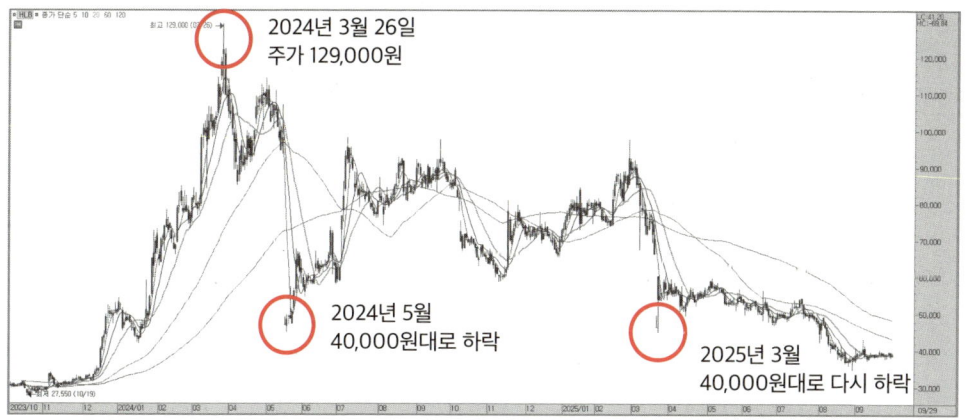

투자자들이 많지 않았다. 거듭된 기대 → 반복된 좌절 → 회복되지 않는 주가. 이것이 '모 아니면 도'의 전형적인 말로다. 2024~2025년의 두 차례 FDA 거절은 단순한 실패가 아니라, HLB에 대한 시장의 기대 그 자체를 증발시킨 사건이었다.

개미 투자자들의 커뮤니티는 분열되었다. '이번엔 진짜 손절해야겠다', '5년을 기다렸는데……', 'IR은 믿지 말자'와 같은 체념이 넘쳐났다. 회사의 IR 발표에 대한 불신, 언론의 긍정적 기사에 대한 냉소, 그리고 무엇보다 스스로의 투자 판단에 대한 후회와 자책이 뒤섞였다. 이것이 '도가 나왔을 때의 모습이다.

펄어비스 - <붉은 사막>만 나오면 모든 게 해결된다

그렇다면 '모' 사례에서 많이 봤던 게임주는 어떨까? 이미 짐작했겠지만, 게임이 대박 나면 급등하는 것과 마찬가지로 게임이 흥행에 실패하면 주가는 하락하게 마련이다. 그런데 기대했던 게임이 아예 출시조차 안 된다면 어떻게 될까? 펄어비스의 <붉은 사막>이 바로 그 사례다.

펄어비스는 2018년 이후 신작이 없었다. 간판 IP인 <검은 사막> 하나로 회사를 지탱하고 있었고, 그 성공은 강력했다. 그래픽, 액션, 글로벌 유저 반응 등 모든 면에서 수준급이었기에, 시장은 자연스럽게 '다음 작품은 더 좋을 것'이라는 기대를 품었다.

2020년 12월, 펄어비스가 차기작 <붉은 사막>의 트레일러를 공개하자 업계는 술렁였다.

'이건 진짜다.'

'넥슨, 엔씨를 넘어설 수 있다.'

'유일한 한국산 AAA급 콘솔 게임이다.'

'이 정도면 소니·마이크로소프트와 협업 가능성도 있다.'

주가는 반응했다. 2020년 말 4만원 대였던 펄어비스는 2021년 11월에 14만 원을 돌파하며 3배 넘게 올랐다. 시장 분위기는 확실했다.

'<붉은 사막>만 잘 나오면 펄어비스는 재평가된다.'

문제는 <붉은 사막>의 출시일이 계속해서 미루어진 것이다. 2021년에 나온다던 게임은 무려 6번이나 출시일이 밀렸고, 이유는

■ 펄어비스 주가 차트(2020~2025년)

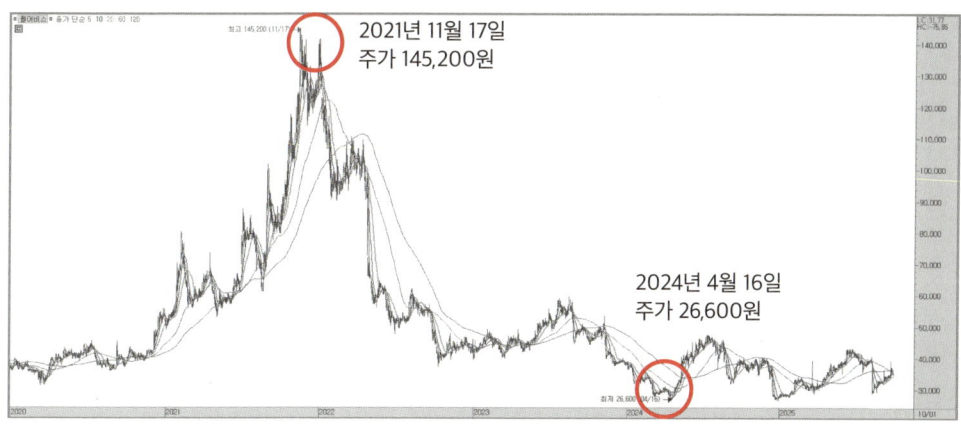

매번 같았다. '완성도를 높이기 위해 연기합니다', '게임 퀄리티에 최선을 다하고 있습니다', '유저 경험을 최우선으로 생각합니다' 같은 변명이 계속 이어졌다. 그때마다 주가는 하락했고, IR에서 아무리 말을 포장해도 시장은 더 이상 믿지 않게 되었다. 완전히 양치기 소년이 된 것이다.

펄어비스의 주가는 2020년 수준으로 되돌아갔다. 이쯤 되면 투자자들도 혼란에 빠진다. 〈붉은 사막〉은 진짜 있는 게임인가? 혹시 영상만 만든 가짜인가? 왜 트레일러 이후 유저 테스트도, 실플레이 영상도 없나? 일각에서는 '과도한 그래픽 욕심이 화를 불렀다'고 분석했고, 일부 커뮤니티에서는 '핵심 개발자가 퇴사했다'는 루머도 돌았다. 그러나 정작 회사는 매출의 90%가 〈검은 사막〉에서 나오고 있음에도 '우리는 〈붉은 사막〉에 집중하고 있다'고 반복했다.

시장과의 신뢰는 철저히 무너졌다. 펄어비스의 사례가 흥미로운 건 정작 결과가 발표되기도 전에 '도'의 결과를 맞이했다는 점이다. 기대감에 의해 올라간 주가가, 실망과 지연에 의해 사전 붕괴된 케이스다. 투자자 입장에선 굉장히 고통스러운 일이다. 회사가 공식적으로 망한 것도 아니고 게임이 실패했다고 선언한 것도 아닌데, 그냥 '기다리다 지쳐서' 팔게 되는 구조다. 기대는 점점 마모되고, 뉴스는 점점 줄어들고, 회사 IR은 점점 무기력해지고, 결국 주가는 바닥을 친다. 차라리 '도'가 나오면 기대라도 접을 수 있는데, '모도 아니고 '도'도 아닌 상태로 윷을 던지지도 않고 질질 끄는 경우 투자자는 희망을 놓지 못하고 계속 기다리게 되고, 손실은 눈덩이처럼 커진다. 결국 '이럴 바엔 '도'라도 빨리 나왔으면 좋겠다'고 자조하게 된다.

펄어비스의 사례는 '기대에 인생을 건 투자'가 어떻게 출시되지 않은 게임 하나로 무너질 수 있는지를 잘 보여준다. 한 종목, 한 게임, 한 번의 기회에 인생을 걸지 마라. 그건 투자라기보다는 도박이다.

투자는 확률의 게임이지 요행을 기대하는 게임이 아니다.
'모가 나오면 올라탈 수 있다'는 냉정한 태도로 임해야지
'도'가 나올 확률을 감수하면서까지 돈을 걸 필요는 없다.
그건 너무 위험한 도박이다.

수익률 높이는 종목 선택법

제7계명

정치권과 연결된 회사를 사지 마라

역대 정치 스캔들에 연루됐던 기업 리스트

정권은 바뀌고
스캔들은 반복된다

01

한국 주식시장에서 기업의 가치를 평가할 때 실적보다 더 예민하게 반응하는 것이 있다. 바로 '정치' 관련성이다. 특히 한국처럼 대통령 중심제에서 정권이 국가의 모든 자원을 쥐락펴락하는 구조에서는 특정 기업이 정권과 어떤 방식으로든 연결되어 있다는 사실 자체만으로도 투자자에겐 리스크가 된다. 정권의 흥망과 함께 기업의 운명도 출렁이기 때문이다.

특정 정권과 연결된 기업은 상승할 때는 뜨겁지만, 하락할 때는 파국으로 끝난다. 그 기업이 실제로 뛰어난 기술력을 갖고 있었는지, 성장성이 있었는지는 중요하지 않다. 시장은 오직 그 기업이 어떤 정치 세력과 손잡았는지를 기억한다. 정권이 바뀌면 그 기억은 족쇄가 된다.

'정경유착'은 한국 경제의 그림자를 가장 집약적으로 설명하는 단어다. 유착은 언제나 은밀하고 뿌리 깊다. 그것은 공개적인 협약이나 계약으로 드러나지 않는다. 기업의 갑작스러운 수주, 상상도 못한 사업 확장, 신속한 인허가, 그리고 폭등하는 주가로만 짐작할 수 있을 뿐이다. 그러다 정권의 몰락과 함께 수사망이 펼쳐지면 그제야 진실의 단면이 조각조각 드러난다.

이 구조는 단순한 탐욕의 결과가 아니다. 한국의 정경유착은 산업화 그 자체와 얽혀있다. 1960~1970년대, 한국은 자본도, 기술도, 경험도 없었다. 국가가 계획을 세우고, 기업이 실행하는 구조였다. 정부는 특정 기업에 특혜를 몰아주고, 기업은 외화를 벌어 국가 경제를 일으켰다. 정치권과 기업이 공생한 것이다. 문제는 그 유산이 지금까지도 이어진다는 점이다.

1980년대 이후 민주화가 진전되었고, 형식적으로는 권력 분립이 이루어졌지만, 자본과 권력의 밀월은 더 교묘하고 은밀해졌다. 선거가 다가오면 기업들은 특정 캠프와 접촉하고, 선거가 끝나면 보답이 돌아온다. 정책 수혜, 대규모 수주, 예산 배정, 심지어는 수사 무마까지. 주식시장은 그 모든 과정을 알아차린다. 기업의 경영 성과보다 정치적 배경을 먼저 따지는 이유다.

이런 흐름은 역대 정권의 주요 스캔들 속에서 반복되어 왔다. 김대중 정부 시절에는 옷 로비 사건과 안기부 자금 유용이 있었고, 노무현 정부에서는 대선 자금 의혹과 권양숙 여사의 명품 백 수수 논란이 있었다. 이명박 정부에서는 BBK 사건이 끊임없이 논란이 되었고, 자원외교 비리, 4대강 사업 비리 등이 터졌다. 박근혜 정부에 이르러서는 국정농단이라는 사상 최악의 스캔들이 터졌고, 최순실이라는 민간인이 청와대를 좌지우지하며 기업을 쥐락펴락했던 일이 백일하에 드러났다. 그리고 문재인 정부에서는 드루킹 댓글 조작 사건과 라임·옵티머스 펀드 사기 의혹이 이어졌고, 윤석열 정부에서는 김건희 여사의 도이치모터스 주가 조작 의혹이 장기간 시장의 불안 요소로 남았다. 또 각종 금품을 받고 매관매직을 했다는 의혹도 있었다.

스캔들은 정권의 고유 속성이다. 정권이 바뀐다고 해서 유착이 사라지지 않는다. 오히려 바뀔 때마다 반대 진영의 칼날은 더욱 매서워진다. 그 칼날은 특정 인물만 베지 않는다. 기업을 베고, 주가를 베고, 투자자의 계좌를 베어낸다. 정권과 함께 오른 주가는 정권과 함께 무너진다.

이 과정에서 가장 먼저 무너지는 건 기업의 '신뢰'다. 예컨대, 특정 정권의 홍보 영상에 자주 등장했던 기업, 주요 인사들이 정권 출범 후 청와대에 출입했던 이력이 있는 기업, 선거 직후 수상하게 주가가 오른 기업은 시장에서 의심의 눈초리를 받는다. 그리고 정권 말기나 정권이 교체되는 순간, 그 기업에 대한 수사나 압수 수색 뉴스가 나온다. 기업의 공장도, 본사도, 기술도 바뀌지 않았는데 주가는 급락한다. 이유는 하나다. 정치권과 함께였다는 죄다.

그렇다면 왜 이런 종목에 투자하는가? 단기적으로 수익을 보기 때문이다. 선거 직후 특정 정치인이 내놓는 정책과 관련된 기업의 주가가 급등하는 일이 많다. 심지어는 그 정책과 관련된 지역에 있기만 해도 주가가 움직인다. 예를 들어, 개헌을 한다고 하면 수도 이전에 대한 기대감으로 세종시에 위치한 기업들의 주가가 오른다. 부동산도 마찬가지다. 새로운 대통령이 취임하고 갑자기 서울-양평 고속도로의 종점을 양평 양서면에서 강상면으로 변경하면, 강상면의 땅값이 오른다. 시장은 비이성적이다. 기대가 기대를 부르고, 그것이 자산 시장에서는 곧 가격이다.

하지만 그 상승은 결코 오래가지 않는다. 정치인의 이름을 팔아 오른 주가는 결국 정치인의 이름에 발목이 잡힌다. 수사가 시작되면 뉴스는 연일 기업명을 띄운다. 언론의 본질은 선정성이다. 그 기업이 정말로 잘못했는지 여부는 중요하지 않다. '연루'되었다는 사실 하나로 충분하다. 뉴스가 쏟아지면 주가는 무너진다. 그리고 결국 개미들만 물린다.

정권은 바뀌고, 스캔들도 반복된다. 그 사이에서 살아남으려면 권력과 가까운 종목은 피해야 한다. 눈앞의 상승에 흔들리지 말고, 시장이 환호할 때 이면을 보아야 한다. 정치는 예측할 수 없다. 그리고 그 불확실성은 기업의 주가에 가장 큰 독이 된다. 한국의 주식시장에서 가장 비싼 대가는 정치에 기대어 얻은 수익의 뒷감당이다. 당신은 그것을 감당할 자신이 있는가?

박근혜, 김건희: 탄핵된 정권이 매섭다

02

한국 현대사에서 '탄핵'이라는 말은 결코 가볍지 않다. 국가의 최고 권력자가 임기를 채우지 못하고, 법적·정치적 판단에 따라 강제로 자리에서 끌려 내려오는 일. 그건 단순한 정치 이벤트가 아니라 국가 전체의 권력 지형을 뿌리부터 흔드는 충격파다. 그리고 그 충격은 기업에도, 시장에도, 투자자들에게도 그대로 전달된다.

역사적으로 한국은 두 명의 대통령을 '탄핵'이라는 방식으로 권좌에서 끌어내렸다. 최초의 시도는 2004년 당시의 노무현 대통령이었지만, 그는 헌법재판소에서 최종적으로 복귀 판결을 받아 임기를 이어갔다. 하지만 나머지 두 명, 즉 박근혜와 윤석열 정권을 둘러싼 사건은 그 강도와 파급력에서 전혀 다른 성격을 갖는다.

탄핵 혹은 '정권의 사실상 붕괴'는 정상적인 정권 교체와는 차원이

다르다. 일반적인 선거에 의한 정권 교체는 정치적 경쟁의 결과일 뿐 이전 정권 전체를 적폐로 몰고 가는 방식은 아니다. 하지만 탄핵은 다르다. 국민의 분노, 언론의 집중 조명, 검찰의 전면 수사, 그리고 정권의 몰락이라는 네 가지 톱니바퀴가 동시에 돌아간다.

이 과정에서 새로 들어선 정권은 '정의 실현'과 '적폐 청산'이라는 국민적 요구에 부응해야만 정치적 정당성을 확보할 수 있다. 따라서 이전 정권에서 벌어진 일들을 하나하나 파헤치는 것은 선택의 문제가 아니라 생존의 필수 조건이다. 그것이 곧 검찰 수사로 이어지고, 국정감사와 청문회로 확대되며, 해당 정권과 유착되어 있던 기업들은 연루 여부와 상관없이 시장에서 먼저 타격을 입는다.

다시 말해, 탄핵은 단지 한 명의 대통령이 자리에서 내려오는 일이 아니라 한 시대의 권력 네트워크 전체가 무너지는 과정이다. 그리고 그 무너지는 줄기의 한가운데에 있었던 기업들은 예외 없이 흔들린다. 때로는 직접적인 뇌물 수수나 청탁, 또는 미르재단 같은 공익재단을 통한 출연 등으로 연루되고, 때로는 단순히 '가깝다'는 이유만으로 주가가 떨어진다.

그래서 투자자는 반드시 스스로에게 다음과 같은 질문을 던져야 한다.

"내가 투자한 기업은 현 정권과 얼마나 가까운가?"

정권이 무너지면 그 옆에 있던 기업도 같이 무너지기 때문이다. 한국은 재벌과 권력의 유착이 고질적인 구조로 굳어진 사회다. 빠른 산업화와 압축 성장의 과정에서 정부는 대기업을 키우는 파트너였고, 대기업은 정부를 통해 특혜를 받았다. 정경유착은 그렇게 뿌리 내렸고, 권력이 바뀌는 순간마다 그 이전의 유착 구조는 청산이라는 이름으로 철저히 파괴됐다.

특히 주식시장에서는 그런 변화가 '선반영'이라는 이름으로 아주 빠르게 일어난다. 실제 판결이 나오기 전에도, 수사 단계에서 주가는 먼저 반응한다. 의혹이 있다는 소문만 돌아도 폭락하고, 수사 착수가 발표되면 추가 하락이 온다. 무혐의나 불기소 처분이 내려졌을 때는 이미 주가는 바닥을 찍은 후 회복하지 못하는 상태다. 시장은 기다려주지 않는다. 명확한 사실보다도 '정권에 밉보였는가 아닌가'가 더 중요하다. 이것이 탄핵이 무서운 이유다. 그리고 정권의 몰락이 주가에 남기는 구조적 상흔이다.

박근혜, 최순실, 그리고 재벌 총수들이 줄줄이 감옥에 간 날

2016년 가을, 한국 사회는 그야말로 충격에 휩싸였다. 하나의 사건 보도 때문이다. JTBC 뉴스룸에서 한 기자가 흔들리는 손으로 최순실의 태블릿 PC를 들어 보이며 말했다.

"이 안에, 국가가 있습니다."

그날 이후로 한국 사회는 더 이상 예전으로 돌아가지 못했다. '비선 실세'라는 단어가 실시간 검색어를 지배했고, '박근혜-최순실 게이트'라는 거대한 회오리가 대한민국을 집어삼켰다. 그리고 그 중심에는 '재벌'이 있었다. 대한민국을 대표하는 대기업 총수들이, 하나 둘씩 수사선상에 오르기 시작한 것이다.

사건의 발단은 '미르재단'과 'K스포츠재단'이었다. 이 두 재단은 애초에 박근혜 대통령과 최순실이 기업들에게 강제 출연금을 걷어 세운 사유 재단이었다. 청와대는 각 기업들에게 전화했다.

"대통령께서 창조경제 차원에서 이런 재단을 추진하고 있으니, 적극적으로 동참해 달라."

'동참'은 협조가 아니라 명령이었다. 삼성, 현대차, SK, LG, 롯데 등 대한민국의 내로라하는 대기업들이 줄을 섰다. 기업들은 수십억에서 많게는 수백억 원씩 재단에 출연했다. 그리고 그 대가로는 각종 현안에서 '청와대의 묵인과 지원'을 받았다. 그것은 뇌물이었다. 다른 말로 하면, 대한민국 정권과 기업이 돈과 영향력을 맞바꾼 순간이었다.

박근혜 대통령이 탄핵되자 이에 대한 수사는 빠르게 진행되었다. 그 결과, 많은 재벌 총수들이 뇌물죄로 기소되었고, 결국 수감되기에 이르렀다. 문제는 그 과정에서 발생한 주가 하락이다. 재벌 총수들이 수감된 후에도 주가는 상승했지만, 맨 처음 그 기업들의 이름이 재단에 출연했다고 언론에 오르내리기 시작했을 때는 주가가 하락했다. 즉, 탄핵된 정권과 뭔가 연루되었다고 하는 의혹 단계에서 주가가 크게 하락했다가, 재판이 진행되고 사람들의 관심이 줄어들면서 악재 반영이 끝나고 서서히 반등하는 모습을 보인 것이다.

이 사건이 의미하는 바는 매우 중요하다. '대기업이라고 해서 안

심할 게 아니다'라는 것이다. 한국 대기업들의 투명성은 한층 강화되었고, 지금은 정치적 스캔들 없이 안정적으로 운영되고 있다.

정권의 몰락은 김건희를 향하고, 김건희의 몰락은 '기업'을 향한다

박근혜-최순실 국정농단 사태의 본질은 단 하나였다. 사익을 추구하는 비선이 국정을 좌지우지했다는 것이다. 그리고 윤석열 정권에서도 놀랍도록 유사한 구조가 반복되었다. 이름만 바뀌었을 뿐이다. 이번에는 '최순실' 대신 '김건희'가 등장했다.

김건희 여사가 연루된 도이치모터스 주가 조작 사건은, 단순한 '주식 투기' 문제가 아니다. 그 배후에는 주가 조작, 통장 매매, 내부 정보 이용, 계좌 대여 등 금융시장의 신뢰를 뿌리째 흔드는 온갖 위법 행위들이 얽혀있다. 검찰은 이미 관련 브로커들을 기소했다. 도이치모터스의 권오수 회장과 연루된 사람들이 줄줄이 구속됐다. 조사 과정에서 '전주(錢主)'로 불리는 김건희 여사의 이름이 반복해서 등장했지만, 정작 김건희 본인은 기소되지 않았다. 그러나 윤석열 대통령이 탄핵되고 시작된 특검에서 김건희는 결국 수감되었다. 그 과정에서 도이치모터스의 주가도 하락했다.

김건희의 또 다른 혐의는 불법 정치자금을 받았다는 것이다. 거론되는 대상은 통일교와 서희건설 등이다. 이들은 김건희에게 금품을 제공하고 청탁을 했다는 의혹을 받고 있다. 통일교 재단이 최대 주주인 일신석재와 모나용평은 특검의 수사가 진행되는 동안 계속 내리막길을 보였다. 서희건설은 아예 2025년 8월부터 거래정지를 당했다. 현직 임원이 횡령하면서 상장 적격성 실질심사 대상이 된 것이다. 심사 결과에 따라 서희건설은 최악의 경우 상장 폐지까지도 각오해야 하는 상황이다.

또 김건희 특검은 삼부토건과 웰바이오텍도 우크라이나 재건 사업에 참여할 것처럼 속여서 주가를 조작했다는 혐의로 기소했는데, 공소장에는 김건희와의 연관성은 없었다. 어쨌든 삼부토건과 웰바이오텍은 이미 수사 전에 감사의견 거절 사유로 거래정지를 당한 상태였다.

이처럼 한국 사회는 정경유착이라는 구조적 병폐에서 벗어나지 못하고 있다. 박정희 시대의 국가주도형 자본주의는 대통령과 기업이 '밀어주고 밀어주는' 방식으로 성장했다. 그 명맥이 박근혜-최순실까지 이어졌고, 지금은 김건희라는 이름으로 되살아났다.

탄핵으로 인해 정권이 바뀌면 반드시 청산이 시작된다. 그 청산은 대통령 부인의 사적 행위부터 그에 얽힌 모든 기업까지 수사선상에 올린다. 그러니 정치권에 오르내리는 기업에는 투자하지 마라. 그건 '정치적 성향'의 문제가 아니라 정권이 바뀌는 구조에 대한 현실적 인식이다.

수사에 흔들리는 주가, 감당할 자신 있는가

03

대통령이 탄핵된 경우에는 전 정권에 대한 철저한 수사가 이루어지고, 그 과정에서 많은 기업들의 이름이 오르내린다. 그런데 꼭 탄핵 국면이 아니라도, 갑자기 정치권과 연루된 기업에 대한 검찰의 수사 내용이 언론을 통해 보도될 때가 있다. 이럴 때는 어떻게 해야 할까? 답은 즉시 매도다. 주식이 수익을 내고 있든 손실을 보고 있든, 그게 중요한 건 아니다. 중요한 건 그로 인해 앞으로 주가가 떨어질 것이라는 사실이다. 사실 여부와 관계없이 노이즈로 인해 주가는 발목을 잡힌다. 그리고 이미 언론을 통해서 흘러나올 정도라면 어느 정도 증거가 확보된 상태일 것이다.

이것은 투자자의 잘못이라고 할 수는 없다. 해당 기업이 정치권과 연루되어 있는지 여부를 일반 투자자가 알 수 있는 방법이 없기 때문이다. 하지만 주식시장은 내가 아무런 잘못을 하지 않아도 손해를 볼 수 있는 곳이다. 이런 경우는 그냥 운이 없는 것이다. 기상청에서 비 예보를 안 해줘서 우산 없이 외출했다가 갑작스레 내리는 비에 쫄딱 젖었다면, 그냥 운이 없다고 여기는 것처럼. 그나마 주식은 즉시 매도라도 가능하기 때문에 불행 중 다행이라고 할 수 있다.

요즘은 예전에 비해 진영 간의 대립이 심해졌다. 물론 예전부터 진보와 보수 간의 대립 구도는 늘 있어 왔지만, 정치 유튜브가 엄청난 수익을 창출하는 비즈니스가 되면서 대립이 훨씬 심해졌다. 정치적인 갈등을 유발하는 콘텐츠는 사람들의 관심을 끌어모으고, 결과적으로 돈이 된다. 그런 콘텐츠일수록 광고가 붙고 슈퍼챗이 쏟아진다. 크리에이터들은 더욱 자극적인 내용을 생산하느라 여념이 없다. 그래서 양 진영 간 고소·고발전도 치열하다. 그래서 선거를 앞두고 노이즈가 생길 가능성이 높다.

이렇게 험난한 과정을 거쳐 해당 기업이 결국 정치권과 아무런 관련이 없다는 결론이 난다 하더라도, 그 과정에서 주가는 큰 타격을 면치 못할 것이다. 사람들은 진실보다는 보이는 이미지를 중시하기 때문이다. 이 세상에 종목이 수천, 수만 개인데, 내 소중한 돈을 굳이 그 종목에 넣어두고 재판 결과에 마음 졸일 필요가 없는 것이다. 정말로 좋은 기업이라면 나중에 혐의가 벗겨지고 나서 사도 충분하니까.

물론 막상 팔려고 하면 여러 가지 생각이 들게 마련이다.

'아직 확실한 건 아니잖아.'

'좀 더 기다려 봐야 하지 않을까?'

'이게 누명이면 주가가 크게 반등할 텐데….'

이런 생각 때문에 매도를 망설이게 된다. 하지만 다 부질없는 생각이다. 인간은 무언가를 해서 손해 보는 것은 잘 못 참지만, 아무것도 하지 않고 손해 보는 것은 잘 참는다. 그래서 내가 산 주식이 스캔들로 인해 내려가도 아무것도 하지 않고 가만히 놔둔다. 내가 매도라는 행위를 했는데 갑자기 반등해 버린다면? 참을 수 없는 고통을 느끼지만, 아무것도 하지 않고 손실 폭이 커지는 건 비교적 잘 견딘다. 이것은 인간의 본성에 기인한 것이지만, 투자에 있어서는 정말 비이성적인 행태다.

이것은 비단 정치와 관련된 주식에만 해당되는 내용이 아니다. 하지만 매도를 즉각적으로 해야 한다는 점에서 이번 장에서 언급하는 것이 가장 적절할 듯하다. 다른 것들은 악재가 생겼다 해도 당장 팔아야 할 정도는 아니지만, 정치와 관련된 경우는 횡령으로 인해 상장 폐지까지도 갈 수 있기 때문에 반드시 팔아야 한다. 그것이 정경유착이 고착화된 한국 사회에서 나의 자산을 지킬 수 있는 가장 효과적인 전략이다.

정권은 바뀌고, 스캔들도 반복된다.
그 사이에서 살아남으려면 권력과 가까운 종목은 피해야 한다.
눈앞의 상승에 흔들리지 말고,
시장이 환호할 때 이면을 보아야 한다.

수익률 높이는 종목 선택법

제8계명

노조가
강한 회사를
사지 마라

파업으로 인해 주가가 하락했던 기업 리스트

애초의 취지와
멀어진 귀족 노조

01

노동조합은 원래 약자를 보호하기 위한 제도였다. 그 시작을 제대로 이해하려면, 한국의 산업화 초창기에 노동자들이 어떤 환경에서 일했는지를 먼저 들여다보아야 한다.

1960~1970년대 산업 현장은 지옥에 가까웠다. 대표적인 사례가 평화시장이다. 청계천변에 자리한 이 시장에는 수많은 봉제공장이 밀집해 있었고, 그곳에서 일하는 사람들은 대부분 10대 여공들이었다. 하루 14시간씩 재봉틀 앞에 앉아 바느질을 하면서도 월급은 겨우 1,000원 남짓, 하루 두 끼 식사는 상한 김치와 보리밥이 전부였다. 이들은 화장실조차 마음대로 가지 못했고, 재봉틀에 손가락이 잘려도 치료비조차 지원받지 못했다.

이 참혹한 노동현실을 바꾸기 위해 분신한 사람이 바로 전태일 열사다. 그는 22살의 평범한 재단사였지만 너무도 비참한 동료들의 현실을 보다 못해 "근로기준법을 준수하라!"고 외치며 1970년 11월 13일, 서울 평화시장 앞에서 자신의 몸에 불을 붙였다. 전태일의 외침은 단순한 호소가 아니었다. 그는 당시 법에 명시된 '근로기준법'을 제대로 지켜달라고 요구했지만, 어느 누구도 그의 편이 되어주지 않았다. 법보다 사업주의 횡포가 더 강했고, 국가는 노동자의 편이 아니었기 때문이다. '노동자는 사람도 아니다'라는 말이 공공연히 오가던 시절이었다.

이런 피와 눈물의 역사를 통해 노동조합 제도가 만들어졌고, 노동자의 권리를 점차 보장받을 수 있게 되었다. 주5일제, 유급 휴가, 산업재해 보상, 야근수당 등 이런 기본적인 권리들조차 노조가 없었다면 누리지 못했을 것이다.

오늘날 노동조합의 모습은 어떨까? 대기업 정규직 중심의 귀족 노조는 원래의 목적에서 너무도 멀어져 버렸다. 이들은 약자가 아니다. 공채로 들어온 정규직이고, 연봉은 7,000만 원이 넘으며, 정년까지 보장되고, 성과급과 복지도 풍족하다. 그런데도 이들은 여전히 '약자의 가면'을 쓰고 노동자 코스프레를 하며 자신들의 기득권을 지키고 있다.

이들이 파업을 하는 이유는 사측이 노동자의 인권을 탄압해서가 아니다. 요구 사항이라고는 기본급 5% 인상, 성과급 300% 추가, 복지 포인트 50만 원 지급 같은 사안들이 대부분이다. 물가가 오르고 경기 불황이라며 국민 모두가 허리띠를 졸라매는 시기에도 이들은 사측을 압박하며 파업을 강행하고, 생산라인을 멈추는 것쯤은 아무렇지 않게 여긴다. 물론 파업권이 법에 보장된 정당한 권리이지만, 파업의 취지가 이전과는 너무나 달라졌다는 것이다.

더 심각한 건, 그들의 투쟁이 전체 노동자 계층의 연대와 무관하다는 점이다. 정규직 노조는 하청 노동자의 정규직화를 반대한다. 자신들의 몫이 줄어들기 때문이다. 같은 공장에서 같은 일을 해도, 정규직은 더 편한 작업을 요구하며 싸우고, 비정규직은 구조조정의 칼날을 두려워하며 불안에 떤다. 진짜 약자는 보호받지 못하고, 가짜 약자가 큰 소리를 낸다.

이런 모습은 단지 도덕적인 문제에 그치지 않는다. 투자자 입장에서는 실질적인 경영 리스크다. 노조의 반발로 인해 신제품 공장 이전이 지연되거나 성과급 갈등으로 파업이 벌어져 생산량이 급감하는 일이 종종 발생한다. 회사는 변화하려고 해도 노조가 발목을 잡는다. 특히 강성 집행부가 들어서면 회사는 사실상 '인질'이 된다. CEO의 경영 전략은 무력화되고, 이사회보다 노조 집행부의 눈치를 봐야 한다. 그 결과는 실적 부진, 투자 위축, 경쟁력 저하다. 하지만 이런 리스크는 증권 리포트에는 잘 드러나지 않는다. 눈에 보이지 않기 때문이다. 그러나 주가에는 반드시 반영된다. 불확실성은 결국 주가의 적이다.

요약하자면, 전태일이 자신의 몸을 불태우며 외쳤던 그 절규는 오늘날 대기업 귀족 노조에게 어떤 울림도 주지 못한다. 노조는 약자를 위한 단체여야 하지만 지금 한국에서 노조는 가장 강력한 '내부 권력' 중 하나로 변질됐다. 진짜 약자는 목소리를 낼 수 없고, 가짜 약자는 회사를 흔든다. 이 불균형이야말로 장기투자자들이 반드시 회피해야 할 리스크다.

파업 리스크와
협상 불발이 만드는
불확실성

02

귀족 노조라는 개념은 2010년대 초반까지만 해도 노동계 전체에서 일반적인 것이 아니었다. 1997년 IMF 사태 이후 한국의 노동시장 구조가 완전히 바뀌면서 비정규직이 폭증하게 되었지만, 이때까지만 해도 노동자는 약자에 속했다. 일부 대기업 노조가 기존의 노동자와는 전혀 다른 존재가 된 계기가 있었다. 그것은 뜻밖의 자연재해 때문이었다.

2011년 3월 11일, 일본 도호쿠 지방에 강진이 발생했다. 사상 최악의 자연재해로 기록된 동일본 대지진이었다. 도요타, 혼다, 닛산 등 일본 주요 자동차 기업들의 공장이 지진과 쓰나미로 마비되면서, 글로벌 자동차 공급망에 거대한 구멍이 생겼다. 바로 그 순간, 현대자동차에 절호의 기회가 찾아왔다. 공급이 끊긴 일본차의 빈자리를 대체할 기업이 거의 없었다. 특히 미국과 유럽 시장에서 '가성비' 높은 중형차 수요가 급증했는데, 현대차의 쏘나타, 아반떼, 산타페가 그 자리를 파고들었다. 공장은 쉴 틈 없이 돌아갔고, 수출은 호황이었다. 해외 딜러들은 빨리 차를 보내달라고 아우성이었다. 2011년, 현대차는 역대 최대 실적을 기록했다.

이런 상황을 노조도 모를 리 없었다. 그런데 노조는 이 타이밍을 절호의 지렛대로 삼았다.

'회사 실적이 잘 나올 때 요구를 관철시켜야 한다'

한번 요구를 관철시키면, 그 다음해에 협상 기준이 올라가기 때문에 노조는 2012년 노사 협상 때부터 '구체적이고 강도 높은' 요구안을 들고 사측과 마주 앉기 시작했다. 현대차 노조는 기본급 인상과 더불어 이익 배분금 제도 도입, 정년 보장, 비정규직의 정규직 전환 등을 요구했다. 특히 '회사 이익이 일정 수준 이상 나면, 초과 이익을 노동자와 나눠야 한다'는 요구는 경영에 직접 개입하는 수준이었다. 사측은 '동일본 대지진으로 얻은 반사 이익'이란 점에서 협상 주도권을 잃었다. 전 세계에서 현대차를 빨리 보내달라고 아우성을 치는 시기에 노조에게 발목을 잡히면 차량 판매가 불가능할 것이 뻔했다. 일본 자동차 회사들은 빠르게 지진 피해를 복구하던 중이었고, 시간이 없었다. 결국 사측은 노조의 요구 중 많은 부분을 수용해야 했다.

이후 현대차 노조는 해마다 큰 폭의 기본급 인상, 성과급, 복지 확대, 정년 연장을 반복적으로 요구하며 '파업 카드'를 들었다. 그 결과 현대차는 2012~2018년에 무려 7년 연속 파업이라는 기록을 남긴다. 이 시기 동안 현대차는 매년 임단협 협상에서 난항을 겪었고, 파업으로 인한 불확실성 때문에 주가는 힘을 쓰지 못했다, 2011년 실적이 발표된 직후인 2012년 4월 당시 27만 원을 넘던 주가는 지속적인 파업을 겪으면서 2015년 7월 12만 원대까지 추락했다. 불과 2년 만에 주가가 반토막이 난 것이다.

파업이 가장 심각했던 해는 2016년이었다. 이때 노조는 기본급 7.2% 인상, 순이익의 30% 성과급 배분, 정년 65세 연장을 요구하며 역대 최장 기간인 24일간 파업을 단행했다. 이로 인한 생산 차질은 14만 대, 금전적 피해는 약 3조 1,000억 원에 달했다. 현대차의 2015년 영업이익이 6조 5,000억 원이었는데, 그 절반에 해당하는 돈을 파업으로 날린 것이다. 회사는 계속 노조에 끌려다녔고 해마다 벼랑 끝에서 협상을 해야 했다. 노조가 '파업을 예고'하는 것만으로도 수출 바이어들은 불안을 표시했고, 외국인 투자자들은 주식을 팔았다. 실제 파업이 일어나기 전부터 기업 가치는 하락했고, 그 충격은 미리 반영됐다.

이것은 계속 악순환을 불러왔다. 노조가 파업을 단행하면 생산 차질로 인해 영업이익이 악화되었다. 그러면 다음해 임단협을 할 때 노조는 더 높은 비율로 임금을 인상해야 작년만큼 돈을 받을 수 있었다. 예를 들어 영업이익이 10조 원이었을 때 20%인 2조 원을 나눠 가졌다면, 영업이익이 5조 원일 때는 40%를 달라고 해야 전년도와 같은 수준이 되는 것이다. 당연히 사측은 높은 비율에 난색을 표했고, 임단협은 결렬되고 파업이 진행되었다. 그러면 파업 때문에

■ 현대차 주가 차트(2012년~2019년)

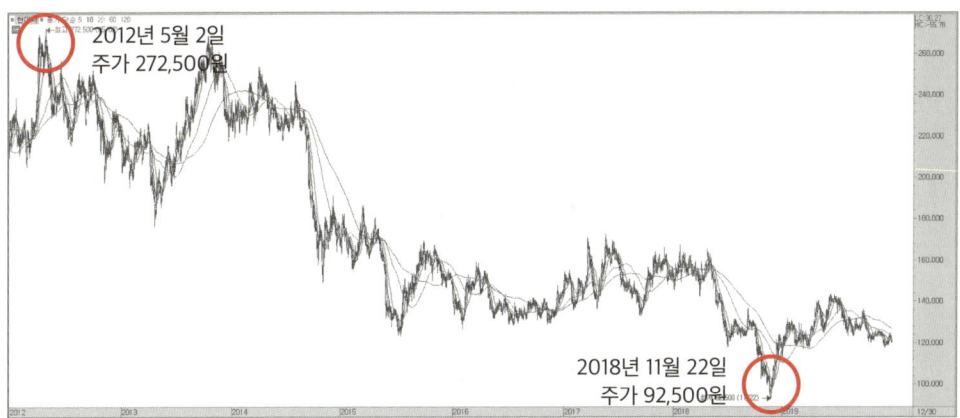

■ 현대차 주가 차트(2020년~2025년)

영업이익은 또 내려갔다. 현대차는 2011년 영업이익 8조 원을 기록했지만, 2014년에 7조 원대, 2015년에 6조 원대, 2016년 5조 원대, 2017년 4조 원대, 2018년에는 2조 원대로 추락했다. 이렇게 영업이익은 해마다 내려가기 바빴다.

물론 모든 것이 노조 때문이라고 할 수는 없다. 예컨대, 현대차그룹은 2014년 서울 삼성동의 한국전력 본사 부지를 당시 감정가의 3배가 넘는 10조 5,500억 원에 매입하면서 큰 논란을 불러일으키기도 했다. 이처럼 경영진의 잘못된 판단도 원인 중 하나였다. 하지만 그와 동시에, 노조의 무리한 요구와 반복적인 파업 역시 상황을 악화시킨 주요 요인이었다는 점은 부인할 수 없다.

노조가 한번 얻어낸 것은 쉽게 철회되지 않았다. 해마다 성과급 기준은 상향되었고, 복지 혜택도 늘어났다. 특히 정년 연장 요구는 현대차의 인건비 부담을 장기화시켰다. 투자자에게는 공포였다. 2012~2019년에 신차 흥행과 글로벌 판매 호조에도 불구하고, 주가는 정체되었다. 이유는 간단했다. '이익은 나는데, 그 이익이 사내에 남지 않는다'는 구조 때문이었다. 노조가 매년 실적의 상당 부분을 보너스와 임금으로 가져가니 미래 투자 여력은 줄어들었고, 외국인 투자자 입장에서는 한국 자동차 산업 전체가 '노조 리스크'에 빠져 있는 것으로 보였던 것이다.

다행히 현대차는 2019년부터 파업을 하지 않았다. 회사 실적이 갈수록 나빠지자, 노조도 더 이상 파업으로 얻을 수 있는 게 없다고 판단했는지 2019~2024년 6년 연속 무분규 임단협 타결을 이뤄냈다. 실적은 자연스럽게 상승했다. 2018년 2조 원대였던 영업이익은 2019년 3조 원을 회복했다. 그리고 2021년 6조 원대, 2022년 9조 원대, 2023년 15조 원을 돌파하며 엄청난 상승세를 보였다. 동일본 대지진의 반사 이익을 누렸던 2011년 당시보다 훨씬 많은 영업이익을 기록하며 현대차는 완벽한 턴어라운드에 성공했다. 물론 전기차 전환에 발 빠르게 대응한 회사의 전략도 좋았지만, 노조의 무분규 임단협 타결도 경영 안정성에 큰 힘을 실어주었다. 자연스럽게 외국인 투자자들은 현대차로 돌아왔고, 2024년 6월 현대차의 주가는 30만 원에 육박하게 된다.

현대차는 현대차그룹의 맏형이기 때문에 이러한 움직임은 전 계열사로 퍼져 나가게 된다. 현대차에서 파업을 시작하면, 기아, 현대모비스, 현대위아 등 부품사들도 나란히 파업에 돌입한다. 현대차에서 임금 인상안이 타결되면 그 기준에 맞춰서 다른 계열사의 협상안도 결정된다. 그래서 이는 현대차만의 문제가 아니다. 한국 자동차 산업 전체, 나아가서는 한국 제조업 전체로 파급력이 퍼지게 된다.

파업 리스크는 외국인을 떠나게 만들고, 협상 불발의 불확실성은 결국 주가 하락으로 이어지게 된다. 그렇다고 노동자가 부당한 대우를 받아도 무조건 주가를 위해 희생해야 되는 것은 아니다. 부당한 대우에는 분명하게 대응해야 하지만, 도를 넘는 요구와 떼쓰기는 결국 모두에게 피해를 준다는 것을 잊지 말아야 한다. 주식 투자자들도 이런 한국 노동 시장의 구조를 잘 이해하고 대응해야만 한다.

노란봉투법과 로봇의 본격적인 도입

03

한때, 노동자는 약자였다. 1970년대 전태일이 "근로기준법을 지켜라!"고 외치며 자신을 불태웠던 시대의 노동자는 누가 봐도 보호받아야 하는 존재였다. 하지만 이제는 시대가 바뀌어 모든 노동자가 약자라고 보긴 어렵다. 특히 대기업 정규직 노조는 더 이상 약자가 아니다. 때로는 회사보다, 사장보다, 사회보다 더 큰 힘을 휘두르기도 한다. 그 힘을 제도적으로 뒷받침하려는 흐름 중의 하나가 바로 노란봉투법이다.

노란봉투법의 정식 명칭은 '노동조합 및 노동관계조정법 개정안'이다. 2014년, 쌍용차 해고 노동자들이 파업 후 손해배상 소송에 시달릴 때, 시민들이 노란 봉투에 후원금을 넣어 보내준 것에서 유래했다. 이 따뜻한 연대는 시간이 흐르며 법제화 움직임으로 이어졌고, 2026년 3월 시행을 앞두고 있다.

법의 주요 골자는 다음과 같다.

-사용자는 노조의 파업으로 인한 손해에 대해 민사상 배상 청구를 하지 못한다.

-파업의 정의를 확장하고, 쟁의 행위의 범위를 넓힌다.

-제3자의 연대 파업이나 지지 활동도 가능하게 한다.

표면적으로는 '노동 3권 보장'이라는 헌법정신 실현이지만, 기업 입장에서는 파업 리스크의 법적 방패막이 사라지는 상황이다. 예전엔 파업이 장기화되면 손해배상 소송이라는 압박을 통해 노조와 어느 정도 균형을 맞출 수 있었다. 하지만 노란봉투법 통과 이후에는 사측이 법적으로 발이 묶이게 된다. 노조는 더 이상 책임질 것이 없고, 기업은 일방적으로 손해를 감수해야 한다.

그렇다고 기업이 무기력하게 당할까? 절대 아니다. 기업은 움직이고 있다. 더 정확히는, 로봇이 움직이고 있다. 기업은 이제 사람을 대체하는 전략을 본격화하고 있다. 사람이 멈추면 생산이 멈추는 구조에서 벗어나기 위해 기업들은 스마트 팩토리, 자동화, 무인화로 전환하고 있다.

한국은 이미 '로봇 밀도' 세계 1위 국가다. 2024년 국제로봇연맹(IFR)에 따르면, 한국은 전 세계에서 가장 높은 로봇 밀도를 기록한 국가다. 로봇 밀도는 1만 명의 제조업 근로자당 로봇 보급수인데, 한국의 로봇 밀도는 1,012대에 달하며, 이는 세계 평균(141대)의 7배 이상이다. 이미 전기, 전자, 자동차, 반도체 분야에선 로봇이 인간을 대체하는 수준을 넘어 오히려 인간이 로봇을 보조하는 구조로 바뀌고 있다. 이처럼 한국은 '사람보다 기계가 더 많은 나라'로 급속히 변모하고 있다.

앞서 살펴봤듯이 현대자동차는 2012년부터 2018년까지 무려 7년간 파업을 경험했다. 노조가 생산라인을 인질 삼아 파업과 임금협상을 밀어붙여도 결국 회사는 막대한 매출 손실을 감수하며 노조의 요구를 수용할 수밖에 없었다. 이때까지만 해도 기업은 노조의 요구에 대응할 마땅한 수단이 없었다. 직장 폐쇄라는 제도가 있긴 하지만, 그렇게 했다가는 영영 생산을 못 하게 될 수도 있었다.

하지만 지금은 다르다. 2023년부터 현대차는 울산 5공장에 스마트 팩토리 시범 라인을 도입했다. 용접, 도장, 조립까지 모든 공정에 로봇이 투입됐고, 자율운송 로봇(AGV)이 부품을 자동 이송한다. 24시간 파업 없는 노동자, 그것이 바로 로봇이다.

삼성전자는 노조 설립이 늦었던 기업이기에 그만큼 자동화와 무인화가 빠르게 진행됐다. 반도체 생산 라인은 사람이 거의 들어가지 않는 클린룸 체제로 운영되고 있다. 웨이퍼 이송, 검사, 포장까지 모든 공정이 사람이 아닌 로봇과 알고리즘에 의해 이루어진다. 이런 구조에선 파업이 의미가 없다. 노조가 있어도 실질적인 영향력을 행사하기 어렵다. 삼성전자는 2024년 말까지 경기 평택 3공장을 완전 스마트 팩토리로 전환할 계획이며, 2027년까지는 후공정 라인까지 풀 자동화를 목표로 하고 있다.

LG전자는 청소기, 에어컨 조립 라인을 로봇팔 기반 자동화 시스템으로 전환 중이며 CJ대한통운은 동탄 메가허브 물류센터에 완전 무인 분류 시스템을 도입했다. 이처럼 로봇은 제조업뿐 아니라 서비스, 유통, 물류 전반으로 퍼지고 있다. 그 핵심 배경에는 노조 리스크 회피와 인력 부족 대응이라는 현실이 있다.

거기다가 한국은 지금 인구의 절벽을 향해 치닫고 있다. 일단 출산율이 0.8명대로 떨어진 것이 노동인구의 감소로 이어지는 것은 비교적 먼 미래의 일이라 할지라도, 당장 950만 명에 달하는 제2베이비부머 세대(1968~1974년생)가 2025년부터 본격적인 은퇴를 시작한다. 이들이 빠져나가면 노동시장은 구인난과 임금 상승 압박이라는 이중고에 빠질 수밖에 없다. 여기에 노란봉투법까지 시행되면? 기업 입장에서는 사람을 채용할 이유가 더욱 없다.

따라서 한국의 노란봉투법은 아이러니하게도 한국 로봇 산업의 가장 강력한 성장촉진제가 될 것이다. 노동자의 힘은 약해지고, 기업의 대응능력은 강해진다. 노동자의 힘은 어디서 나오는가? 바로 단결력에서 나온다. 하지만 그 단결력은 다수의 노동자, 공통의 이해관계, 사회적 지지를 전제로 한다. 그런데 지금 그 전제들이 하나둘씩 무너지고 있다. 노동자 수는 인구 감소로 줄고 있고, 이해관계는 직무별, 계약 형태별로 분절되고, 사회적 지지도 '귀족 노조' 이미지로 약화되고 있다. 이제 노동자는 숫자도, 명분도, 무기도 예전 같지 않다. 그리고 기업은 이제야 대응할 무기를 갖게 되었다. 그게 바로 로봇이다. 투자자는 이 흐름을 읽어야 한다.

노조가 강한 기업, 자동화가 느린 산업, 인력 의존도가 높은 업종은 앞으로 경쟁력이 뒤처질 수밖에 없다. 반대로, 스마트 팩토리로 빠르게 전환 중인 기업, 로봇 도입에 선제적으로 투자한 기업은 오히려 이 혼란 속에서 안정적인 수익성을 보여줄 것이다. 아이러니하게도 노동활동을 보장하기 위해 만든 노란봉투법이 결국 노동의 종말을 가속화시킬 것이다. 이 모든 변화는 이미 시작되었고, 당신이 투자자라면 지금 당장 '노조가 강한 회사는 피하고, 자동화가 빠른 회사를 선택하라'는 기준을 가슴에 새겨야 한다.

노조는 약자를 위한 단체여야 하지만
지금 한국에서 노조는 가장 강력한 '내부 권력' 중 하나로 변질됐다.
진짜 약자는 목소리를 낼 수 없고,
가짜 약자는 회사를 흔든다.

수익을 높이는 종목 선택법

제9계명

정부 정책에 반하는 회사를 사지 마라

역대 정부 정책과 반대편에 있었던 기업 리스트

춤추는 정책,
춤추는 주가,
정권 따라 춤춘다

01

한국 주식시장에서 기업을 분석할 때 가장 간과되기 쉬운 변수는 '정권'이다. 많은 투자자들이 기업의 실적, 사업모델, 성장성, 밸류에이션 등 숫자와 내용에만 집착한다. 하지만 한국이라는 시장은 특수하다. 바로 정부 주도형 산업구조 때문이다. 단순히 정부가 기업을 돕는다는 의미가 아니다. 정부의 의지에 따라 산업 전체의 운명이 결정되며, 이는 곧장 주가에 반영된다. 같은 기업이라도 어느 정권이냐에 따라 주가 흐름이 천양지차가 된다. 실적, 기술력, 시장 점유율이 같다고 해도, 해당 산업이 정권의 핵심 키워드 안에 있느냐 아니냐에 따라 시장의 평가가 전혀 달라진다.

이러한 구조는 한국 경제의 탄생 배경과도 맞닿아 있다. 한국은 애초에 '정권'이 산업을 설계하고 키우는 방식으로 성장해 왔다. 박정희 정부의 중화학공업 육성, 노태우 정부의 SOC 인프라 투자, 김대중 정부의 정보통신산업 육성, 노무현 정부의 부동산 규제와 수도권 억제, 이명박 정부의 4대 강 사업과 녹색 성장, 박근혜 정부의 창조경제, 문재인 정부의 탈원전과 재생에너지 확대, 윤석열 정부의 원전·방산 부흥까지. 정권마다 밀어주는 산업이 분명했고, 이는 시장에서 해당 종목들이 급등하는 동력으로 작용했다. 다시 말해, 한국에서 주식은 '정권 산업'을 파악하지 않고서는 절대로 알 수 없는 구조인 것이다.

반면 미국 시장은 정권의 영향을 상대적으로 덜 받는다. 예컨대, 트럼프가 집권하든 바이든이 집권하든 엔비디아는 계속 상승했다. 트럼프가 엔비디아의 AI 칩을 중국에 팔지 말라고 제재를 가해도 주가는 끄떡없었다. 왜냐하면 미국의 빅테크는 이미 글로벌 시장과 자본의 논리로 움직이는 거대한 생태계 속에 있기 때문이다. 하지만 한국은 아니다. 시장 자체가 좁고, 국내 소비와 정부 발주에 크게 의존하는 구조다. 따라서 정부의 산업 정책 방향이 바뀌면 기업의 미래가 송두리째 흔들릴 수밖에 없다.

실제로 문재인 정부 시절, 태양광과 풍력 같은 친환경 테마가 크게 각광받았다. 당시 재생에너지를 강조한 '그린뉴딜' 정책 덕분에 한화솔루션, 씨에스윈드 같은 기업들은 어마어마한 주가 상승을 경험했다. 2016년 박근혜 탄핵 당시 2만 7,000원대이던 태양광 모듈 판매사 한화솔루션의 주가는 2017년 대선이 끝난 9월에 4만 6,000원대까지 치솟았다. 풍력 타워를 생산하는 씨에스윈드는 2016년 말

7,000원대를 맴돌았지만 2017년 대선 이후 상승을 거듭하다가 2018년 2월 1만 8,000원을 돌파했다. 문재인 정권 후반부인 2021년에는 10만 원을 넘는 기염을 토했다.

하지만 윤석열 정부 들면서 재생에너지는 찬밥 신세로 전락했다. 원전 중심의 전력 정책을 펴기 시작하자 한화솔루션의 주가는 2024년 말에 1만 4,000원대까지 곤두박질쳤다. 씨에스윈드는 2024년에 3만 원대로 추락하고 만다.

여기까지는 대부분의 사람들이 이미 알고 있는 사실이다. '문재인 정부 때 태양광, 풍력이 올랐다가 윤석열 정부 때 떨어졌다'는 건 주식을 잘 모르는 사람들조차도 알고 있다. 그런데 사람들이 잘 모르는 사실이 있다. 문재인 정권 때인 2019년 한화솔루션의 영업이익은 3,783억 원이었다. 윤석열 정권 때인 2023년 한화솔루션의 실적은 어땠을까? 역대 최대인 6,045억 원이었다. 하지만 주가는 어땠을까? 윤석열 정권 당시 한화솔루션의 주가는 문재인 정권 때의 3분의 1도 안 되게 떨어졌다. 그렇다면 씨에스윈드는 어떨까? 문재인 집권 시기인 2019년 영업이익은 601억 원이었고, 윤석열 정권 때인 2024년에는 역대 최대인 2,754억 원이었다. 하지만 주가는? 문재인 정부 때의 3분의 1도 안 됐다. 즉 태양광과 풍력 에너지 사업은 정권과 관계없이 잘나갔지만 주가는 오히려 역행한 것이다.

이처럼 한국 주식시장은 정권의 산업 드라이브가 너무 강하기 때문에, 현 정권에서 유망한 종목이라도 다음 정권에서는 정반대로 냉대를 받을 수 있다. 심지어 실적이 좋아도 말이다. 이 점이 바로 미

■ 한화솔루션 주가 차트(2016~2024년)

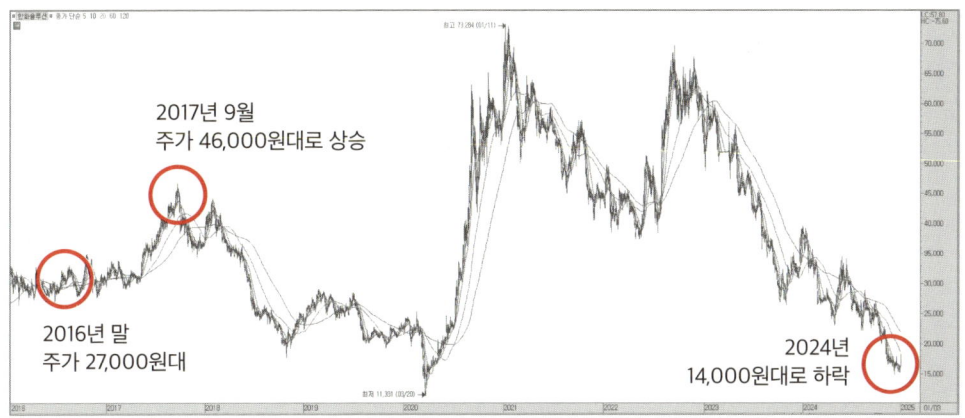

■ 씨에스윈드(2016년 10월~2024년 12월)

제9계명. 정부 정책에 반하는 회사를 사지 마라

국증시와 가장 큰 차이다. 이 차이를 모르고 한국주식을 했다가는 쪽박을 차기 십상이다.

투자자들은 억울할 것이다.

'아니, 분명히 2019년보다 2023년의 영업이익이 좋은데, 왜 주가는 역행하는 거야?'

'사상 최대 실적이라는데 주가는 왜 이 모양이야?'

이렇게 생각하는 이유는 실적보다 정권의 방향성이 훨씬 더 중요한 한국 증시의 특성을 전혀 이해하지 못했기 때문이다.

아직도 한국의 많은 투자자들은 이 구조를 무시한 채 기업 자체만 분석하고 있다. 밸류에이션이 싸다, PER이 낮다, 기술력이 있다, 글로벌 진출이 활발하다, 실적이 개선될 것이다, 업황이 좋아지고 있다, 생산 라인을 증설하고 있다 같은 이유로 매수에 나섰다가 정권이 바뀌는 순간 하락을 경험하게 된다. '이 기업은 잘하고 있는데 왜 떨어질까?'라는 의문에 빠지게 되는 것이다. 그러나 이는 기업이 잘못한 것이 아니라, 시장의 분위기가 바뀐 것이다. 투자자의 분석에 반드시 들어갔어야 할 '정권'이라는 변수를 제외했기 때문이다.

따라서 한국에서 성공적인 주식 투자를 하려면 기업 분석보다 정권 분석이 선행돼야 한다. 어떤 정권이 들어섰고, 정권이 어떤 산업을 밀고 어떤 산업을 싫어하는지부터 파악해야 한다. 그리고 그 정책 방향에 맞는 기업을 골라야 한다. 아무리 좋은 기업도 정권에 미운 털이 박히면 시장에서 버림받을 수 있다. 반대로, 특별할 것 없는 기업이라도 정권의 산업 키워드에 정확히 올라타 있으면, 주가는 급등할 수 있다. 많은 사람들이 한국주식이 실적과 무관하다는 점에서 투자하면 안 된다고 하지만, 정권의 성격만 잘 분석하면 실적과 상관없이 돈을 벌 수 있다는 점에서 오히려 쉽고 간단하다. 복잡하게 산업에 대한 여러 가지 내용을 공부할 필요가 없다는 것이다.

한국 주식시장에서 가장 중요한 것은 '내용'이 아니라 '분위기'다. 정책 방향, 사회적 흐름, 대중의 인식이 기업에 대한 평가를 결정짓는다. 이 책에서 줄곧 이야기하고 있듯이, 한국은 논리보다 눈치가 앞서는 시장이다. 그리고 그 눈치의 중심에는 '정권'이 있다. 그렇기 때문에 투자자는 기업만 보지 말고, 반드시 정치권의 움직임을 함께 봐야 한다. 그래야 헛발질을 하지 않는다. 한국에서는 '정책'이 곧 '펀더멘털'이다. 이 단순한 진실을 무시하는 자는 한국 주식시장에서 반드시 큰 대가를 치르게 될 것이다.

정권이 싫어하는 기업은 투자자도 싫어한다

02

지금부터 지난 정권에서 정부 정책에 반하는 사업을 했던 기업들의 사례를 구체적으로 살펴보자. 이들은 특별한 의도를 가지고 일부러 정권에 맞선 것이 아니다. 원래 그 사업을 하고 있었는데 어쩌다 보니 정권의 정책 방향과 어긋나게 되었다. 그럴 경우 주가 흐름이 어떻게 변했는지 알아두는 것은 앞으로의 투자에 큰 도움이 될 것이다.

박근혜 정권과 개성공단 폐쇄

2016년 2월 10일, 대한민국 외교부와 통일부는 평소와 다름없이 조용한 아침을 맞이했다. 그러나 그날 오후, 상황은 전혀 다른 방향으로 치닫는다. 박근혜 정부는 북한의 4차 핵실험과 장거리 미사일 발사에 대한 보복 조치로 개성공단 전면 중단을 전격 발표한다. 아무런 예고도 없이 내려진 결정이었다. 단 하루 만에, 남측 인력 전원 철수 명령이 떨어졌고, 공장 관계자들은 공단에 있는 자산과 제품, 기계를 모두 남겨둔 채 떠나야 했다.

그날 밤, 개성공단의 불은 꺼지지 않았다. 그곳에는 남측 기업들이 가져다 놓은 원단, 완제품, 금형, 재봉틀, 포장 박스까지 그대로 남아 있었다. 기계는 멈췄지만 온도계는 여전히 작동 중이었고, 냉장고에는 점심으로 배달된 김밥 도시락도 남아 있었다. 개성공단은 그렇게 '운영 중단'이 아닌 '기습 폐쇄'라는 극단적인 형태로 막을 내렸다.

이것은 단순한 정치적 사건이 아니었다. 그 안에는 수많은 상장기업과 투자자들의 눈물이 뒤섞여 있었다. 피해를 본 대표 기업은 신원, 좋은사람들, 재영솔루텍, 제이에스티나 등이었다.

'지이크', '지오지아' 등 남성복 브랜드를 가진 신원은 당시 개성공단에서 가장 큰 규모로 의류를 생산하고 있었다. 개성공단 폐쇄 전 1,800원대였던 주가는 다음날인 2월 11일에 급락했고, 12월에는 1,400원대로 곤두박질쳤다. 좋은사람들의 상황도 비슷했다. 속옷 브랜드 '보디가드'로 유명한 이 회사는 개성에서 원가 경쟁력을 기반으로 제품을 생산해 왔지만, 공단이 폐쇄되자 대체 생산지를 구해야 했다. 개성공단 폐쇄 전 3,600원대였던 주가는 2016년 말 2,800원대까지 내려갔다.

인디에프는 개성공단에서 가장 큰 의류 공장으로 이름나 있었다. 인디에프는 개성공단에서 전체 물량의 30~40%를 생산했기 때문에 타격이 컸다. 2,400원대였던 주가는 공단 폐쇄 두 달 만에 2,000원대가 붕괴됐다. 재영솔루텍은 전자부품을 생산하던 기업으로, 개성공단의 전자 조립 라인을 포기해야 했고, 1,900원대였던 주가는 공단 폐쇄 후 1,400원대로 급락했다.

이들 기업은 박근혜 정권의 '단호한 안보 정책' 아래에서 정치적 이슈에 휘말리며 직격탄을 맞은 셈이다. 기업이 잘못한 것도 없었고, 실적이 나쁜 것도 아니었다. 오히려 개성공단의 원가 경쟁력 덕분에 저렴하게 생산할 수 있는 '좋은 기업'들이었다. 하지만 정권이 싫어하는 방향에 있었다는 이유만으로 이 기업들은 하루아침에 '버림받은 종목'이 되었고 주가는 폭락했다.

당시 투자자들의 반응은 크게 두 가지로 나뉘었다. 첫째는 정치가 이렇게까지 직접적으로 기업을 타격할 줄 몰랐다는 충격이었고, 둘째는 기업 분석은 완벽했는데, 정치 분석이 없었다는 후회였다. 즉, 이 사건은 한국 주식시장에서 '정권이 싫어하는 기업은 투자자도 싫어하게 된다'는 공식을 너무도 명확하게 증명한 사건이었다.

그날 이후, 신원과 좋은사람들 등 개성공단 입주 기업들은 급히 동남아와 국내 하청업체로 생산라인을 돌려야 했다. 하지만 아무런 예고 없이 떨어진 폭탄의 여파는 컸다. 단가 상승은 불가피했고, 공백기 동안의 납기 지연으로 거래처 신뢰도도 떨어졌다. 회복하는 데

■ 신원 주가 차트(2016년 1월~12월)

■ 좋은사람들 주가 차트(2016년 1월~12월)

는 수년이 걸렸다.

여기서 다시 한번 강조한다. 투자자들이 주가를 예측할 때는 오로지 실적만 보아선 안 된다는 것이다. 이들 기업은 실적이 나빠서가 아니라, 정권의 결정 하나로 하루아침에 '리스크 기업'이 되었다. 정치가 경제 위에 있고, 정권의 기조가 투자자의 수익을 좌우할 수 있다는 사실을 잊은 채 숫자와 차트만 바라본 투자자들은 그대로 물렸다.

특히 전 세계 유일의 분단국이라는 특수한 상황에 있는 한국은 정권의 성격에 따라 산업 자체가 배척될 수 있다는 점을 명심하라. 박근혜 정권은 '안보 우선'이라는 기조 아래 남북경제협력의 상징이었던 개성공단을 정치적 희생양으로 삼았다. 아무리 밸류가 싸고 경쟁력이 있어도 '정권이 싫어하는 순간' 주가는 끝이다.

이들 기업의 주가가 회복된 것은 문재인 정권 때였다. 문재인 정부는 박근혜 정부와는 정반대로 대북 유화책을 실시했고, 실제로 남북 정상회담을 성사시키고 북미 정상회담을 중재하며 북한과의 관계 개선에 주력했다. 그 결과, 개성공단 입주 기업들의 주가도 상승했다. 비록 개성공단이 재개되지는 않았지만 '정권이 북한과 관계 개선을 시도한다'는 것만으로도 기대감은 증폭됐다.

문재인 정부의 탈원전 정책과 후폭풍

2011년 3월 11일, 일본 후쿠시마에 쓰나미가 밀려들었다. 그리고

■ **인디에프 주가 차트 (2016년 1월~12월)**

■ **재영솔루텍 주가 차트 (2015년 10월~2016년 6월)**

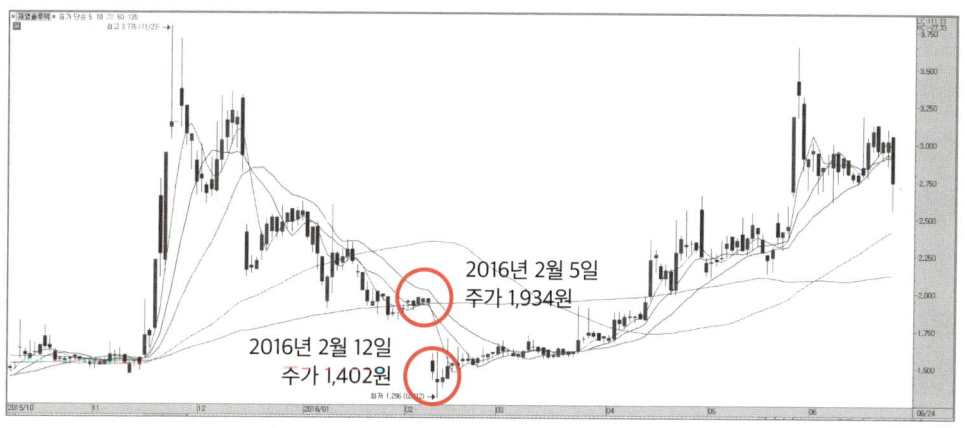

제9계명. 정부 정책에 반하는 회사를 사지 마라

그날, 전 세계는 '원자력'이라는 단어 앞에서 몸을 떨어야 했다. 일본은 원전 강국이었다. 기술력과 안전 시스템, 관리 인프라 모두 세계적 수준이라 자부하던 나라였다. 그런 일본에서, 그것도 도쿄전력이라는 대기업이 운영하는 원전에서 방사능이 누출되었다. 수십만 명이 대피했고, 지역은 오염됐으며, 바다는 방사능으로 물들었다. 전 세계는 충격에 빠졌고, 수많은 나라들이 원전 계획을 보류하거나 축소했다. 독일은 가장 먼저 탈원전을 공식 선언했고, 이후 유럽 각국이 뒤를 따랐다.

한국도 영향을 받았다. 하지만 이듬해 보수 정권이 들어서며 '원전은 여전히 필요하다'는 방향으로 선회했다. 그러나 2017년, 새로운 국면이 찾아왔다. 박근혜 전 대통령의 탄핵으로 치러진 조기 대선에서 문재인 후보는 탈원전을 핵심 공약으로 내걸었다. 그는 원전 산업의 비민주적 구조, 노후 원전의 위험성, 원전 비리 등의 문제를 꾸준히 지적해 온 인물이었다. 그는 당선되자마자 곧장 행동에 들어갔다. 2017년 6월 19일, 고리 1호기 영구 정지 기념식에서 문재인 대통령은 이렇게 말했다.

"탈핵 국가로 가겠습니다. 원전 중심의 발전 정책을 폐기하고, 탈원전 사회로 나아가겠습니다."

이 선언은 한국 에너지 정책의 역사에서 가장 급격하고 상징적인 전환이었다. 단지 노후 원전을 줄이겠다는 수준이 아니었다. 원전 산업 자체를 줄이고, 신규 원전을 백지화하며, 장기적으로는 원자력 없이 살아가는 국가를 만들겠다는 것이었다. 왜 그렇게까지 했을까?

문재인 정부가 탈원전 정책을 강력하게 추진한 데는 단순히 후쿠시마의 공포 때문만은 아니었다. 그는 이 사안을 단지 환경 이슈가 아닌, 사회 정의의 문제로 보았다. 원전은 위험한 산업이고, 그 위험은 항상 지역 주민들과 미래 세대가 떠안아야 하는 구조였다. 특히 '원전 밀집도 세계 1위'인 한국의 현실은 더 이상 외면할 수 없다는 것이 문재인 정부의 인식이었다. 국내에는 24기의 원전이 가동 중이었고, 상당수가 고리·월성 등 경남·경북 일대에 밀집되어 있었다. 만에 하나 이 지역에 사고라도 나게 되면, 국가 전체를 마비시킬 수 있는 치명적인 구조였다.

게다가 원전 산업계 내부의 비리와 폐쇄성, 투명성 부족도 문제였다. 원전 부품 납품 과정에서의 리베이트, 부실 인증, 서류 위조 등의 사건들이 수차례 보도되면서 국민의 불신도 컸다. 문재인 정부는 '위험한 산업에 더 이상 국민 세금을 쏟아부을 수 없다'는 논리를 펴며, 이를 통해 정의와 안전, 투명성이라는 가치를 동시에 추구하겠다는 메시지를 던졌다.

문재인 정부가 발표한 탈원전 로드맵은 단순한 방향 제시가 아니었다. 실제로 다음과 같은 구체적인 계획이 포함됐다.

신규 원전 건설 계획 전면 백지화: 월성 1호기 조기 폐쇄, 신규 원전 6기 계획 중 4기 백지화

기존 원전 수명 연장 중단: 설계 수명이 다한 원전은 연장 없이 폐쇄

재생에너지 발전 비중 확대: 2030년까지 재생에너지 비중을 20%

까지 확대하는 'RE3020' 정책 추진

기후변화 대응 강화: 원전 대신 태양광·풍력 등으로 전환, 이에 대한 각종 인센티브 확대

이러한 정책은 선언만으로도 산업계에 커다란 충격을 주었다. 원자력발전은 단일 산업이 아니라 수많은 협력업체와 기술 생태계가 연결된 구조였기 때문이다.

정부가 '원전을 줄이겠다'고 선언한 순간, 시장의 시선은 가장 먼저 두산에너빌리티로 향했다. 당시 두산에너빌리티는 원전 주기기 제작을 맡은 국내 유일의 민간 기업이었다. 원자로, 증기발생기, 터빈 등을 제작하는 두산에너빌리티는 원전 건설 중단 및 신규 계획 백지화가 현실화되면 직접적인 매출 기반이 사라지게 되는 상황이었다.

2017년 2월 2만 3,000원대였던 두산에너빌리티 주가는 정부의 탈원전 정책 속에 2019년 8월 5,000원 아래로 무너졌다. 두산에너빌리티는 2020년 자금난에 빠지면서 산업은행 등의 채권단에 긴급 자금을 요청했다. 이로 인해 두산그룹 전체가 흔들리게 되었고, 결국 두산에너빌리티는 채권단 관리체제에 돌입하게 되었다. 그리고 그 여파는 협력업체로 이어졌다.

비에이치아이는 원전 보일러 시스템을 납품하던 중소기업이었지만, 탈원전 이후 신규 수주가 끊기며 급격한 실적 하락을 맞았다. 주가는 2017년 8,000원대에서 2019년 1,000원대로 주저앉았다. 한전

■ **두산에너빌리티 주가 차트**(2017년 2월~2022년 4월)

■ **비에이치아이 주가 차트**(2017년 2월~2022년 4월)

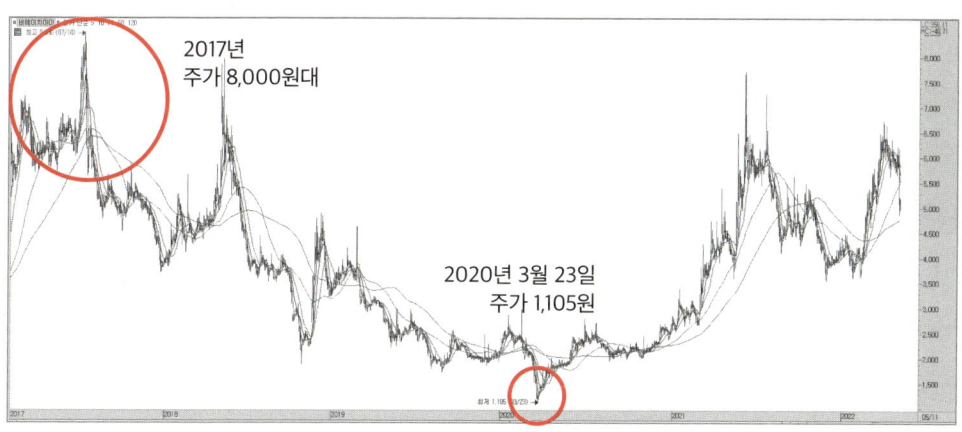

KPS, 한전기술 같은 한전 계열 기업들도 정부 정책 기조에 의해 수익 모델이 불확실해지면서 줄줄이 하락했다. 2017년 초 6만 원대였던 한전KPS의 주가는 2019년 2만 원대로 주저앉았다.

아이러니한 점은, 탈원전이 한전을 위한 정책이 아니었다는 점이다. 정부는 친환경 전환을 내세웠지만, 한전은 이 과정에서 큰 손실을 떠안아야 했다. 왜냐하면 탈원전으로 인해 상대적으로 저렴한 원자력 전기를 줄이고 비싼 LNG와 재생에너지 비중을 늘리게 되면서, 전체 전력 구매 단가가 상승했기 때문이다. 그런데도 정부는 전기요금 인상을 최대한 억제했기 때문에 한전은 매출보다 비용이 더 늘어나는 구조적 적자에 빠졌다.

실제로 한국전력의 영업적자는 2018년에 2,080억 원이었고, 2019년에는 이보다 더 심각한 1조 3,566억 원 규모로 늘어났다. 이건 단순한 경영 실패가 아닌, 정책에 의해 구조적으로 생긴 손실이었다. 정부는 '전력 시장의 구조 개편이 필요하다'고 주장했지만, 정권은 당장 전기요금 인상 같은 정치적 부담을 떠안고 싶지 않았고, 그 부담은 그대로 한전의 재무제표에 찍혔다.

이 사례는 한국 주식시장에서 정책 리스크가 얼마나 강력하게 주가를 뒤흔들 수 있는지를 잘 보여준다. 실적도 아니고, 기술력도 아니며, 산업 트렌드도 아닌 '정권의 기조'가 기업의 운명을 갈랐다.

정권이 싫어하는 기업은 시장도 싫어한다. 문재인 정부가 원전을 싫어했기 때문에 원전 관련주는 아무리 실적이 좋아도 시장에서 외면 받았다. 투자자들은 이를 똑똑히 목격했고, 외국인 투자자들은

■ 한전KPS 주가 차트(2017년 2월~2022년 4월)

정권이 바뀌기 전까지는 해당 기업에 발을 들이려 하지 않았다. 결국 2022년 대선에서 윤석열이 승리하면서 원전 관련주들은 반등했다. 두산에너빌리티는 2만 원대를 회복했고, 한전기술과 한전KPS 등도 다시금 강세를 보였다. 기업의 기술, 제품, 실적 등 달라진 것은 아무것도 없었다. 오직 바뀐 것은 '정권'뿐이었다.

윤석열 정권과 재생에너지 주가 하락

2022년 5월, 윤석열 대통령의 취임과 함께 한국의 에너지 정책은 다시 한번 급변했다. 문재인 정권 5년 동안 추진됐던 탈원전·재생에너지 중심의 에너지 전환 정책은 멈춰 섰고, 그 자리를 원전 중심의

'현실적 에너지 정책'이 대신했다. 정권 교체, 그 한 가지 이유만으로 수많은 기업들의 미래가 바뀌었다. 그것도 실적과는 전혀 무관하게 말이다.

문재인 정부가 원전을 줄이고 재생에너지를 키우는 방향을 고수했다면, 윤석열 정부는 정반대의 길을 선택했다. '세계 최고 수준의 원전 기술을 왜 버려야 하느냐', '원전은 탄소중립 달성에 필요한 현실적 수단'이라는 논리를 내세우며 원전산업 부활을 공식화했다. 실제로 윤 대통령은 '탈원전은 바보 같은 짓', '재생에너지 중심 정책은 비효율적'이라는 발언을 공개적으로 쏟아냈다. 단순한 언급을 넘어 시장 전체에 강한 신호를 던진 것이다. 정책 기조가 바뀌면, 수익을 내던 기업도 외면받는다. 한국 주식시장에서는 그게 현실이다.

정책은 단순히 산업 효율성이나 국제 흐름의 판단만으로 결정된 게 아니었다. 윤석열이라는 인물의 정치적 배경과도 깊은 관련이 있다. 그는 검찰총장 출신으로, 정권의 '검찰 개혁' 시도에 강하게 반발하며 정권에 저항하는 인물로 부상했다. 그는 '정권의 반대편에 선 정의로운 검사'라는 이미지로 대중적 인기를 얻었고, 그것이 대통령 당선으로 이어졌다.

그렇기 때문에 윤석열 정권은 전임 정권의 정책을 그대로 계승할 리 없었다. 에너지 정책은 그중에서도 가장 상징적인 분야였다. 문재인이 애지중지한 재생에너지를 축소하고, 문재인이 없애려 했던 원전을 부활시킴으로써 이 정권은 정체성을 드러냈다. 정치적 차별화를 위해서는 '반문재인'이라는 선명한 선이 필요했고, 그것이 바로 원전이었다. 마치 박근혜가 이명박과의 차별화를 위해 복지 공약을 내세운 것처럼, 윤석열은 문재인과의 단절을 위해 에너지의 방향을 돌렸다.

놀라운 점은, 재생에너지 기업들의 실적이 나쁘지 않았다는 것이다. 세계적으로는 여전히 ESG와 탄소중립 흐름이 강했고, 유럽과 미국은 IRA(인플레이션 감축법) 등 재생에너지 지원 정책을 확대하고 있었다. 태양광 모듈·인버터·풍력 기자재 수출이 늘어나면서 국내 기업들도 나름의 실적 개선을 보이고 있었다.

태양광 모듈의 주요 원재료인 폴리실리콘을 생산하는 OCI는 2022년 영업이익 9,806억 원을 기록하며 10년 만에 최대 실적을 거뒀다. 태양광 모듈 생산업체 한화솔루션은 2023년 영업이익 6,000억 원을 넘기며 역대 최대를 기록했다. 글로벌 풍력타워 1위 기업 씨에스윈드는 2024년 역대 최대 영업이익을 기록했고, 해상풍력 하부구조물 전문 기업 SK에코플랜트의 2022년 영업이익은 719억 원으로 창사 이래 최대 실적을 기록했다. 사실상 재생에너지 기업의 르네상스라고 볼 수 있을 정도로 엄청난 실적이 이어졌다.

하지만 주가는 하락했다. 시장은 실적이 아닌, 정권의 시선을 먼저 본다. 현 정권이 키울 생각이 없는 산업이라면, 아무리 돈을 잘 벌고 있어도 '미래가 없다'는 낙인이 찍히는 것이다. 이들 기업의 주가가 상승한 것은 윤석열이 탄핵되고 이재명 정부가 들어서기 위한 준비를 할 때였다.

국내 기관과 외국인 투자자들은 정권과 발맞추는 산업에 집중했고, 재생에너지 기업은 정책 외곽으로 밀려나며 소외주가 되었다. 심지어 일부 기업은 '에너지 비효율'의 상징으로 낙인찍혀 정치적 회의감마저 안겨주는 존재가 되었다. 한국 시장에서 실적은 '후순위'다.

이 사례는 다시금 한국 주식시장이 얼마나 정권 편향적인지를 보여준다. 시장에서는 정권이 바뀌어도 테슬라는 계속 간다, 아무리 트럼프가 전기차 보조금을 줄인다고 해도 상관없다, 엔비디아는 트럼프든 바이든이든 상관없이 성장한다, 중국에 AI 칩을 수출하지 말라고 해도 간다, 정권보다 기술과 수요가 중요하다, 아무리 정권에서 추진하는 정책과 방향이 달라도 기업이 좋으면 주가는 오른다, 고 아무리 떠들어도 한국은 다르다. 정권이 관심을 주느냐 마느냐, 정부 예산이 투입되느냐 마느냐, 정책 키워드에 포함되느냐 마느냐가 기업의 미래를 결정지을 수 있다. 정권이 '싫어한다'고 느끼면, 시장은 그 기업을 두려워한다.

재생에너지 기업들의 주가는 문재인 정권 때는 높았고, 윤석열 정권에서는 빠졌다. 단지 그 정권이 '관심이 없다'는 이유로 말이다. 시장은 기업의 실적을 보지 않았다. 정부의 태도를 본다. 정책에 등 돌린 정권에서는 성장성도 미래도 기대할 수 없다는 판단이 작동한 것이다.

이처럼 한국 주식시장에서 정권은 단순한 행정 주체가 아니라 '투자 심리의 방향타'다. 그렇기에 우리는 어떤 기업을 분석할 때, 실적표나 기술력만 봐서는 안 된다. 기업의 방향이 정권의 철학과 맞는가? 정부는 그 산업을 장려하고 있는가? 국가 예산이 해당 산업에 배정되고 있는가? 이런 질문을 함께 던져야 한다. 그렇지 않으면 아무리 실적이 좋아도 주가로는 보상받지 못하는, 이상한 투자의 늪에 빠지게 된다.

실적보다 중요한 건 '분위기'다
- 눈치의 경제학

03

한국 주식시장에서 기업의 가치는 실적이나 기술력, 제품의 완성도로만 평가되지 않는다. 오히려 그런 본질적 요소보다 더 중요한 것이 있으니, 그것은 바로 '눈치'다. 한국 투자자들은 뉴스, 정책, 정치, 심지어는 국민 정서처럼 보이지 않는 것에 훨씬 더 민감하게 반응한다. 그리고 그런 분위기의 변화가 실제로 주가에 엄청난 파급력을 미친다.

한국인들은 어려서부터 눈치껏 행동하라는 교육을 받는다. 남들 눈에 띄지 않게, 최대한 조용히 살라고 배운다. 괜히 나서지 말고 조용히 대세를 따라가라고 한다. '모난 돌이 정 맞는다'는 속담까지 있다. 튀지 말고 조용히, 트집 잡힐 일을 하지 않으며 적당히 윗사람 눈치를 보면서 맞춰 가는 게 한국인의 국민성이다. 이러한 국민성은 증시에 그대로 반영되었다. 선생님이 싫어하는 건 하지 말아야 학교생활이 편하고, 직장 상사의 비위를 맞춰야 회사생활이 편한 것처럼, 정부가 싫어하는 종목을 괜히 건드리지 말자는 분위기가 팽배한 것이다.

한국 주식시장에서 실적은 반드시 주가와 비례하지 않는다. 어쩌면, 실적과 주가가 완전히 반대로 움직이는 경우가 더 많다. 많은 초보 투자자들이 이 간극에서 혼란을 겪는다. '실적이 좋아졌는데 왜 주가는 떨어지지?' '적자 회사인데 왜 상한가를 가는 거지?' 이런 의문이 생기는 것은 당연하다. 왜냐하면 한국 주식시장은 '실적 시장'이 아니라 '분위기 시장'이기 때문이다.

그리고 많은 투자자들이 이 점을 비판하면서 한국 시장을 저평가한다.

'미국은 기업 펀더멘털을 본다는데, 한국은 눈치 싸움만 한다.'
'한국은 정부 말 한마디에 주가가 좌우되니까 투자할 수가 없다.'

하지만 이 책이 전하고자 하는 핵심은 다르다. 한국 주식시장은 결코 미국에 비해 '열등한' 시장이 아니다. 단지 '다른' 시장일 뿐이다. 그리고 그 다름을 이해하면, 오히려 미국보다 더 큰 기회를 발견할 수 있다.

실적보다 중요한 건 분위기와 눈치다. 누가 눈치를 빨리 채느냐가 수익률을 결정짓는 구조다. 누가 대통령이 되느냐, 어떤 산업이 정권의 핵심 어젠다인지, 이 기업이 정부 정책에 얼마나 부합하는지, 이런 요소가 주가에 훨씬 더 큰 영향을 미친다. 정권이 바뀌면 주가도 바뀌고, 사회 분위기가 바뀌면 종목의 운명도 바뀐다. 마치 연예계 루머가 주가의 흐름을 만드는 것처럼, 감정과 심리가 시장을 주도한다. 이러한 특성을 단점으로 여길 필요는 없다. 오히려 '예측 가능한 패턴'을 만들어낸다.

미국 시장에서는 예측이 어렵다. 노보노디스크에서 '위고비'를 만들며 세계 비만치료제 시장에 엄청난 충격을 주었다. 당연히 주가도 폭등했다. 그러나 일라이릴리에서 '마운자로'를 출시하면서 노보노디스크의 주가는 완전히 꺾이게 된다. 미국에는 세계 최고의 기술력을 가진 기업들이 즐비하기 때문에 이런 강력한 경쟁자가 언제 어디서 나타날지 미리 예상하기가 참 어렵다. 그래서 미국 시장에서는 '정보의 격차'가 매우 중요하다. 즉, 경쟁자의 정보를 많이 가지고 있는 사람이 유리하다.

반면, 한국에서는 예측이 쉽다. 정부가 발표한 정책을 보면 된다. 대통령이 태양광을 민다고 말하면 태양광 관련주가, 원전을 민다고 하면 원전 관련주가 오른다. 개성공단 폐쇄 소식 하나로 남북 경협주는 무너진다. 여기엔 실적이나 수출 전망 같은 복잡한 고려는 없다. 그냥 분위기다. 그리고 그 분위기는 뉴스로, 언론으로, 유튜브로 뚜렷하게 드러난다. 누구나 접근할 수 있고, 누구나 감지할 수 있다.

이 점에서 한국은 매우 친절한 시장이다. '정보 격차'보다는 '분위기 격차'가 수익률을 가른다. 감이 빠르고, 흐름을 잘 타는 사람에게 유리하다. 누구나 실적을 분석하지 않아도, 분위기만 잘 읽으면 상한가를 잡을 수 있다. 물론 분위기는 언제나 변하고, 단기적일 수 있다는 점에서 리스크가 크지만, 한국 시장은 적어도 예측 가능한 흐름을 갖는다는 점에서 명확한 전략이 가능하다.

특히 한국은 '정부 주도형 경제구조'라는 독특한 전통을 갖고 있다. 이것은 단순히 정권 교체에 따라 산업 정책이 달라지는 정도가 아니라, 정부가 직접적으로 '시장'에 개입해 왔던 역사에서 비롯된다. 기업은 늘 정권의 눈치를 보며 전략을 짰다. 전통시장에서 함께 떡볶이를 먹으면서. 시장은 그 눈치에 민감하게 반응했고, 그 패턴은 지금도 반복되고 있다.

이 구조를 이해하면, 투자 전략은 훨씬 단순해진다. 복잡한 실적 예측이나 글로벌 트렌드 분석보다 정권과 정책, 그리고 사회 분위기를 읽는 데 집중하면 된다. 예를 들어, 한국 시장에서 가장 안전한 종목은 '정권과 잘 맞는 종목'이다. 이들은 실적이 조금 부진하더라도 주가가 하락하지 않는다. 왜냐하면 '정책의 후광'이 있기 때문이다. 반면, 아무리 좋은 기술과 실적을 가진 기업이라도 정권의 기조에 어긋난다면 시장에서 외면받는다. 이것이야말로 실적보다 분위기가 중요한 이유다.

또한 한국은 '중국과 경쟁하는 구조'라는 특수성도 있다. 같은 산업에서 중국이 가격을 밀어붙이기 시작하면 한국 기업은 고전을 면치 못한다. 하지만 정책 수혜 기업은 이런 외부 경쟁에서 상대적으로 안전하다. 정권의 우산 아래 있는 기업은 수출이 좀 줄어도, 국내 수요나 정책 수요로 버틸 수 있다. 이 안정성은 외부 변수가 많은 한국 시장에서 매우 귀한 가치다.

결국 이 모든 걸 종합하면 한국 시장은 '눈치 게임'이고, 그것은 훈련 가능한 영역이다. 즉, 감이 아니라 분석으로 접근할 수 있다는 뜻이다. 대통령의 정치철학이 무엇인지, 어떤 산업을 좋아하는지, 다음 정권은 어떤 방향으로 갈 것인지 등 이런 것들을 이해하고 선제적으로 포트폴리오를 짜면 된다.

그래서 결론은 명확하다. 정부 정책에 반하는 기업을 사지 마라. '눈치껏' 투자해라.

한국은 '논리'보다 '눈치'가 앞서는 시장이다.
그 눈치의 중심에는 '정권'이 있다.
그렇기 때문에 투자자는 기업만 보지 말고,
반드시 정치권의 움직임을 함께 봐야 한다.
그래야 헛발질을 하지 않는다.

수익률 높이는 종목 선택법

제10계명

사업 구조가 다각화된 회사를 사지 마라

물적 분할로 인해 주가가 하락한 기업 리스트

물적 분할은
주주를 버리는
가장 쉬운 방법이다

01

기업이 '미래 성장 동력'을 말할 때 자주 등장하는 단어가 있다. 바로 '분할'이다. 신사업 부문을 떼어내거나 물류나 IT 같은 비핵심 부문을 독립시킨다며 인적 분할과 물적 분할을 단행한다. 언뜻 보기에 그럴듯하다. 전문성을 강화하고, 기업 가치를 극대화하며, 자율적 경영체계를 구축하겠다는 설명은 논리적으로 그럴싸하다.

하지만 투자자 입장에서는 인적 분할과 물적 분할이 전혀 다른 의미로 다가온다. 인적 분할은 최소한의 배려가 있다. 기존 주주들이 분할된 회사의 주식도 일정 지분만큼 나눠 갖기 때문이다. 그러나 물적 분할은 다르다. 기존 주주는 아무것도 받지 못한다.

물적 분할은 말 그대로 기업의 특정 부문을 물리적으로 분할해 자회사로 만든 후 따로 상장시키는 구조다. 문제는, 그렇게 만들어진

자회사의 모든 지분을 모회사인 본사가 독점한다는 것이다. 그럼에도 시장에선 마치 신생 벤처기업이 상장하는 것처럼 '공모가 산정'을 하고, '상장 프리미엄'을 붙인다.

회사는 일반 투자자에게 공모가로 팔고, 현금을 얻는다. 이 구조에서 이득을 보는 건 누구일까? 모회사와 기존 주주들? 아니다. 모회사 경영진과 공모에 참여한 기관 투자자, 그리고 상장 직후 단타에 성공한 투자자들이다. 가장 큰 손해를 보는 건 누구일까? 기존 모회사의 주주들이다. 그 회사의 성장 가능성을 믿고 오래 보유했던 이들은 정작 신사업이 상장하는 순간, 아무런 혜택도 받지 못한 채 기존 본사의 가치가 하락하는 것만 지켜보게 된다.

대표적인 사례가 LG에너지솔루션이다. LG화학이 배터리 부문을 물적 분할해 자회사로 만들고, 이를 상장했다. 공모가는 30만 원, 시가총액은 상장 첫날에만 100조 원에 육박했다. 그러나 LG화학의 주주들은 아무것도 받지 못했다. 심지어 LG에너지솔루션의 상장 직전, LG화학의 주가는 105만 원까지 올라갔다가 상장일 기준 60만 원대까지 폭락했다. 이후에도 반등 없이 계속 하락세였다. '자식은 대박 났는데, 부모는 파산한 꼴'이었다. 신사업의 미래 가치를 믿고 장기투자한 LG화학의 주주들은 성장의 열매를 전혀 누리지 못한 채 주가 하락이라는 씁쓸한 결말만 받아들여야 했다.

이런 구조는 LG뿐만이 아니다. SK이노베이션도 SK온을 물적 분할했으며, 현대중공업도 조선·건설기계·에너지 부문을 분할해 상장을 추진했다. 심지어 일부 기업은 분할 계획을 숨기다가 상장 직전 발표하거나, 상장 후 지배구조 개편의 명분으로 전격 발표하기도 한다. 이 모든 과정은 기존 주주에게 '사전 동의'를 받지 않아도 가능하다. 대한민국 상법과 자본시장법이 물적 분할을 막지 않기 때문이다. 제도적으로 허용되기 때문에 도덕적으로도 허용된다고 생각하는 기업들이 넘쳐난다. 그러니 물적 분할은 가장 합법적이고, 가장 쉽고, 가장 빠른 '주주 배신'의 수단이 되어버린 것이다.

심지어 이 구조는 기업이 위기에 처했을 때가 아니라 가장 잘나갈 때 나타난다. 사업이 고성장 구간에 들어서고, 시장에서 관심이 집중되며, 향후 수익이 기대되는 시점에 '분할해서 상장하겠습니다'라는 발표가 나온다. 왜 하필 그 시점일까? 바로 그때가 공모가를 가장 높게 받을 수 있기 때문이다. 즉, 기업은 자기 주주를 배려해서가 아니라, 자금을 가장 많이 조달하기 위해 분할을 선택한다. 경영진은 '회사의 성장을 위해 어쩔 수 없다'고 말하지만, 사실 그 말은 반쯤만 맞다. 회사는 성장할지 모르나 주주는 성장하지 못한다. 주주는 더 이상 권리도 없고, 아무런 보상도 받지 못한다.

이쯤 되면 물적 분할이라는 말 자체가 '배신 분할', 혹은 '이별 통보'에 가까운 단어처럼 느껴진다. 같이 미래를 보자고 해놓고, 결혼하자 해놓고, 신혼집은 혼자 계약해 버린 꼴이다. 주주가 투자로 지켜온 시간은 아무 의미도 없다. 이 구조는 너무나 정교하고, 너무나 완벽해서 제도적으로도 막을 수 없다. 그렇기에 투자자는 스스로 방어해야 한다. '물적 분할을 발표한 회사'는 매도해야 하고, '물적 분할 가능성이 있는 회사'는 애초에 사지 않아야 한다. 경영진이 신사업 부문에 대해 갑자기 말을 아끼기 시작한다거나 컨퍼런스콜에서 자회사의 존재를 강조하며 '시너지' 운운하는 발언이 나올 때는 이미 늦었다. 기업이 잘나가기 시작하면, 주주보다 자기 이익을 먼저 생각한다.

물적 분할은 기업에게는 합리적인 선택일 수 있다. 그러나 투자자에게는 '차라리 안 컸으면 좋았을 기업'으로 여기게 만든다. 분할해서 키우면 좋다. 그런데 나누지 않고 키우기만 한다면, 그건 그림자만 커지는 기형아의 꼴일 뿐이다. 이 구조를 이해한 투자자라면, 다음번 분할 뉴스가 떴을 때 미련 없이 판단할 수 있을 것이다. 물적 분할은 '분할'이 아니라 '이탈'이며, 당신이 투자했던 기업의 정신이 사라지는 순간이라는 걸.

하나가 잘돼도 다른 부문이 발목을 잡는다

02

물적 분할을 안 하고 떠안고 있다면 괜찮은 것일까? 한국 대기업 중에서 순수하게 한 가지 사업만 하는 곳은 드물다. 대부분은 여러 계열사를 거느리고 있고, 심지어 한 회사 안에도 수많은 사업 부문이 복잡하게 얽혀있다. 자동차도 만들고, 배터리도 만들고, 보험도 하고, 건설도 하고, 화학도 하고, 물류도 하고, 반도체도 한다. 이처럼 다양하게 뻗은 사업 구조는 '복합기업'이라는 이름 아래 마치 안정적인 사업 기반인 양 포장된다. 하지만 이 구조는 투자자 입장에선 위험 그 자체다. 왜냐하면 '잘나가는 사업' 하나가 있어도 다른 부문이 꾸준히 손실을 내고 있으면 결국 전체 실적은 그 손실을 따라가게 되기 때문이다. 투자의 관점에서 보면 잘되는 사업 하나만 보고 투자했는데, 회사가 도무지 좋은 실적을 내지 못하는 상황이 반복된다. 이유는 간단하다. 잘되는 사업이 다른 사업을 먹여 살리고 있기 때문이다.

대표적인 사례가 CJ ENM이다. CJ ENM은 크게 케이블TV, 영화, 음원 사업을 하고 있다. 얼핏 보기에는 해외에서 붐을 일으키고 있는 K컬처를 집대성한 모습이다. 드라마, 영화, K팝 모두가 하나의 종목에 담긴 K컬처 ETF 같은 느낌이다. 문제는 하나가 잘나가도 나머지가 발목을 잡을 수 있다는 것이다. 예를 들어, 드라마 〈폭군의 셰프〉가 대박을 쳐도 영화 〈악마가 이사왔다〉가 흥행 부진에 시달리는 식이다. 아무리 한국의 드라마, 영화, K팝이 해외에서 인기가 많다고 해도 모든 문화 상품이 성공을 거두기는 힘들다. 게임은 신작이 성공하면 유저들이 꾸준히 몰려 매출이 꾸준히 커진다. 하지만 드라마는 방영이 끝나는 순간 관심이 식고, 영화도 개봉 초반의 열기를 오래 유지하기 어렵다. 결국 다양한 분야에서 지속적으로 히트작을 만들어야 하지만, 말처럼 쉬운 일이 아니다.

그룹 차원에서 봐도 마찬가지다. 한화그룹의 방산 부문에서 K9 자주포는 폴란드, 인도, 노르웨이, 핀란드 등 여러 나라에서 수출 계약을 따내며 실적이 폭발했다. 한화에어로스페이스, 한화시스템 등은 글로벌 방산기업으로 주목받았다. 그런데 그룹 전체의 실적을 보면, 기대만큼 탄력이 나오지 않는다. 왜일까? 이유는 건설, 금융, 에너지 부문에서의 적자와 불확실성 때문이다. 특히 한화건설은 부동산 경기 침체와 금리 상승의 영향으로 수익성이 급격히 악화됐고, 이로 인해 방산 실적이 상쇄되어 버리는 일이 반복됐다. 투자자 입장에서는 '방산이 이렇게 잘나가는데 왜 주가가 안 오르지?'라는 의문을 가질 수밖에 없다.

롯데그룹도 마찬가지다. 롯데케미칼은 한때 K-석유화학의 선두주자로 평가받았고, 글로벌 친환경 소재 사업 확대와 수소에너지 진출을 선언하며 기대를 모았다. 그러나 롯데쇼핑, 롯데건설, 롯데카드 등 유통·금융·건설 계열사들이 부진을 이어가면서 그룹 전체의 신용도와 실적에 부담을 주고 있다. 특히 코로나19 이후 쇼핑몰과 면세점 부문이 크게 위축되면서 그룹 전반에 악영향을 끼쳤다. 그러다가 중국의 거센 도전 아래 롯데케미칼마저 실적이 악화되면서 그룹 전체가 어려움을 겪고 있다.

이런 구조적 한계는 삼성전자에서도 드러난다. 삼성전자의 주력은 반도체와 스마트폰이지만, 사실 수십 개의 사업 부문으로 구성되어 있다. 갤럭시 시리즈가 흥행해도 TV가 부진하거나 소비자 가전 부문이 정체되면 전체 실적은 줄어든다. 2023년 반도체 부문이 극심한 하강기에 접어들자 다른 사업 부문이 아무리 선방해도 전체 실적을 끌어올리기 어려웠다. 물론 삼성전자는 전 세계에서 손꼽히는 우량기업이지만, 투자자 입장에서는 '잘나가는' 부문만 투자하는 것이 구조적으로 불가능하다는 한계가 있다.

또 다른 사례로 카카오를 보자. 전 국민 플랫폼인 카카오톡을 비롯하여 카카오게임즈, 카카오페이, 카카오엔터테인먼트 등 기대감을 가진 사업 부문들이 많지만, 이 회사는 동시에 택시 호출, 헤어숍, 쇼핑, 웹툰, 메타버스, 블록체인까지 손을 뻗치고 있다. 이런 무분별

한 확장은 실제로 수익성 개선이 안 되는 사업에 자원을 투입하면서 전체 실적의 효율을 떨어뜨린다. 투자자 입장에서 보면, 카카오페이 하나만 보고 들어갔는데 카카오모빌리티의 적자를 떠안아야 하는 셈이다. 결국 성장성이 높은 부문조차 다른 부문의 출혈경쟁을 메우느라 그 열매를 주주가 제대로 누리지 못하게 된다.

더 심각한 경우는 잘나가는 부문이 빌목 잡힌 정도가 아니라 아예 다른 부문에 가려져 주목조차 받지 못하는 것이다. 회사 이름과 사업 인식이 다른 부문에 묶여 있어, 해당 부문의 실적이 좋아도 시장이 제대로 평가하지 못하는 것이다. 예를 들어, 한 회사가 바이오 사업을 하고 있으나 기존 사업인 건설이나 철강 등의 이미지가 너무 강하면, 바이오 부문에서 놀라운 실적이 나와도 시장이 이를 제대로 평가해 주지 않는다. 이런 경우 주가는 실제 가치보다 심각하게 저평가된다.

결국 사업 구조가 너무 이질적인 것들로 다각화되어 있으면 물적 분할을 해도 손해, 안 해도 손해다. 물적 분할을 하면 모회사 주주들이 큰 손해를 보게 되고, 물적 분할을 하지 않으면 모든 사업이 동시에 성장하기 어려운 구조적 한계에 부딪힌다. 그래서 투자자 입장에서 가장 이상적인 구조는 '단일 사업에 집중하고, 그 사업이 잘되는 회사'이다.

그러나 한국의 대기업 중 이런 구조를 가진 곳은 드물다. 그나마 있는 경우는 소형주나 중소형 테마주일 가능성이 크고, 이들은 오히려 실적보다 '스토리'로 움직이는 경우가 많아 장기투자 관점에서는 어렵다. 그러니 '다각화'된 사업 구조는 오히려 독이 된다. 심지어 이런 기업에선 손실 사업을 정리하고 싶지만 정리하지 못하는 경우가 많다. 이유는 간단하다. '그 부문이 회장님의 꿈'이기 때문이다. 숫자가 아니라 체면으로 결정되는 경영은, 투자자에게는 예측 불가능성과 손실만 남긴다.

지금 당신이 투자하려는 기업이 정말 매력적으로 보인다면, 한 가지 질문을 해보라.

"이 회사의 다른 사업은 어떤가?"

질문의 답을 잘 모른다면, 혹은 알고 나서 실망스럽다면, 그 기업의 주가는 결국 잘되는 부문이 아니라 발목 잡는 부문에 의해 결정될 것이다. 종합선물 세트를 살 때는 즐겁지만, 막상 꺼내보면 불필요한 게 더 많다. 주식도 마찬가지다. 종합기업은 '좋은 게 많을 것 같다'는 환상을 주지만, 정작 수익률은 그중 가장 못난 사업에 발목을 잡힌다.

사업 다각화는 경영의 방패, 투자자에겐 족쇄다

03

처음부터 사업을 여러 부문으로 펼쳐두고 시작하는 기업은 거의 없다. 대부분 한 가지 업종이나 한 가지 제품으로 출발한다. 라면을 만들다가 화장품에 진출하고, 타이어를 만들다가 건설로, 제과로, 호텔로 손을 뻗는다. 자동차를 만들던 회사가 금융업을 하고, 휴대폰을 만들던 회사가 패션과 바이오까지 영역을 확장하는 건 한국에선 흔한 일이다.

문제는 그렇게 확장된 사업들이 경쟁력을 가지고 성장하느냐는 것이다. 기업에서는 신사업 진출을 위험을 분산하기 위한 전략이라고 설명하지만, 투자자 입장에서는 오히려 위험을 키우는 선택처럼 보인다. 투자자는 '잘되는 사업'을 보고 투자했지, 미래가 불확실한 신사업에 자신의 돈을 걸 의사는 없기 때문이다.

기업에서는 '사업 다각화'를 장기적인 기업가 정신의 상징인 양 포장하지만, 실상은 기존 사업의 위기에서 눈을 돌리기 위한 방패로 삼으려는 경향이 크다. 경영자는 기존 주력사업의 수익성이 낮아지고 구조적인 침체에 빠졌을 때, 새로운 성장 동력이 필요하다고 주장하며 전혀 무관한 업종에 뛰어든다. 그렇게 탄생한 것이 반도체 회사의 골프장, 타이어 회사의 편의점, 정유사의 헬스케어 부문이다. 투자자 입장에서 이 모든 시도는 모래 위에 쌓는 탑처럼 느껴진다. 어떤 탑은 금세 무너지고, 어떤 탑은 적자를 양산하면서 본업까지 갉아먹는다.

대표적인 예가 SK그룹의 바이오 진출이다. SK케미칼, SK디스커버리, SK바이오사이언스, SK바이오팜 등 수많은 계열사들이 바이오 산업에 뛰어들었다. 코로나19 백신, 뇌전증 치료제, 혈액제제 등 다양한 포트폴리오가 발표됐고, 주가도 잠시 꿈틀했다. 그러나 수익으로 연결된 경우는 드물었다. 그 결과 SK케미칼은 여전히 '케미칼'에서 돈을 벌고 있고, 바이오 부문은 적자를 메우지 못한 채 기대감만 유지하고 있다. 만약 투자자가 SK바이오사이언스의 성장성만을 보고 SK디스커버리에 투자했다면, 결국 '바이오 기대감'이 아닌 '케미칼 실적'에 좌우되는 주가 흐름에 실망만 할 것이다.

LG그룹의 사례도 유사하다. LG화학은 오랜 기간 정유·화학 중심의 회사였다. 전기차 시대가 도래하면서 배터리 사업이 부상했고, LG에너지솔루션을 분사했다. 처음에는 시장의 관심이 폭발했지만, 이후 분할된 자회사만 주목을 받았다. 모기업 LG화학의 가치는 상대적으로 저평가됐고, LG화학에 투자한 사람들은 배터리 호황의 수혜를 온전히 누리지 못했다. 이는 단순한 기업 분할 문제가 아니라, 사업 다각화로 인해 모호해진 기업의 핵심 정체성과 투자 포인트의 분산 때문이다.

또 다른 사례로 GS그룹을 들 수 있다. GS는 정유, 건설, 리테일, 홈쇼핑, 에너지 등 매우 다양한 사업을 운영하고 있다. 문제는 사업 부문마다 수익성이 천차만별이고, 경기에 따라 성과가 들쭉날쭉하다는 것이다. 투자자 입장에서는 어떤 기대감을 가지고 투자해도 기대가 왜곡되거나 분산될 가능성이 크다. 예를 들어, GS리테일이 실적을 잘 내고 있어도 GS건설이 해외 프로젝트 손실을 기록하면, 그룹 전체의 투자 매력도는 떨어진다. 즉, 잘하는 사업이 있어도 주가에 그만큼 반영되지 못한다.

이런 구조에서는 '회사의 전략'이 유연해질 수 있지만, '투자자의 기대'는 일관되기 어렵다. 투자자는 단일 사업에 집중되어 있는 기업을 선호한다. 그 이유는 명확하다. 해당 산업의 사이클, 수요, 경쟁 강도 등을 분석하여 예측할 수 있기 때문이다. 반면 사업이 다각화되어 있으면, 투자자는 서로 다른 업종의 여러 가지 리스크를 동시에 떠안아야 한다. 그중 하나라도 무너지면 전체 실적이 타격을 받기 때문에 결국 수익률은 '가장 부진한 부문'의 성적에 좌우된다.

경영진은 사업 다각화를 통해 신성장동력을 확보하고 불확실한 시대를 대비하겠다고 말한다. 어디까지나 경영자에게 유리한 논리다. 신사업이 실패하더라도 기존 사업이 있기 때문에 생존할 수 있고, 주주들은 그 리스크를 고스란히 떠안는다. 다각화는 경영자에게 면책 사유이지만, 투자자에게 족쇄다. 오히려 신사업의 실패에 대한 책임 소재가 불분명해지고, 계열사 간 내부 거래, 자원 이동, 특수관계자 간의 복잡한 계약을 통해 불투명한 지출 구조가 만들어지기도 한다. 이쯤 되면 투자자는 더 이상 기업을 분석하는 것이 아니라 복잡한 퍼즐을 풀어야 하는 상황에 처하게 된다.

결국 투자자 입장에서 가장 확실한 방법은 '단순한 회사에 투자하는 것'이다. 사업 모델이 명확하고, 수익 구조가 직관적이며, 한 가지 산업에 집중하는 회사. 실적이 좋으면 주가가 오르고, 나쁘면 떨어지는 구조. 이처럼 예측 가능하고 투명한 구조가 가장 강력한 무기가 된다. 하지만 다각화된 기업은 실적이 좋아도 주가가 오르지 않고, 실적이 나빠도 이유를 찾기 어렵다. 그 이유는 항상 '딴 데서 문제가 생겨서'이다.

그렇다면 왜 이런 기업들이 많을까? 한국에서는 재벌 중심의 경제구조가 오랜 기간 유지되어 왔다. 그리고 재벌은 '확장' 자체를 통해 생존을 모색해 왔다. 한 번도 망하지 않는다는 신화 속에서, 적자가 나도 '버틸 수 있는' 지주회사 구조가 형성됐다. 이 구조에서는 사업 다각화가 실패해도 책임을 묻지 않고, 실패를 '다음 성장의 밑거름'이라는 말로 포장하면 그뿐이다. 하지만 주가는 속지 않는다. 시장은 '돈을 벌고 있는가'만 보고, 대부분의 답은 '그 많은 사업 중 하나'에서만 나오게 된다. 나머지는 투자자에게 짐이 될 뿐이다.

에필로그

그래서 뭘 사라는 건데?

이 책에서는 '무엇을 사라'는 말을 거의 하지 않았다. 대신 끊임없이 '무엇을 사지 마라'고 강조했다. 감옥에 다녀온 총수가 있는 회사를 사지 마라, 중국과 경쟁하는 회사를 사지 마라, 실적 발표 전에 사지 마라, PER만 높은 코스닥 기업을 사지 마라 등. 온통 사지 말라는 말뿐이다. 읽다보면 짜증이 날 것이다. '그럼 대체 뭘 사라는 거냐?'는 질문이 머릿속을 떠나지 않을 것이다. 당신의 머릿속에 떠오른 그 질문이 바로 이 책을 쓴 목적이다.

당신이 이 책을 읽고 난 뒤에도 무엇을 사야 할지 모르겠다면, 그것은 '아직 사지 말아야 할 때'라는 뜻이다. 물론 이 책에 나와 있는 기준에 해당된다고 해서 떨어지는 것은 아니다. '모 아니면 도' 종목에 투자했는데 '모'가 나와 큰돈을 벌 수도 있다. 사업 구조가 다각화된 기업을 샀는데, 모든 사업이 잘될 수도 있다. 문제는 연속성이다. 계속해서 '모'만 나올까? 모든 사업이 항상 잘될까? 한두 번은 수익이 나겠지만, 지속적으로 수익을 내기는 어렵다. 열 가지 기준에 해당하는 기업의 투자를 피해야 하는 이유가 바로 그것이다.

주식 투자에서 가장 치명적인 실수는, 준비되지 않았을 때 매수를 시작하는 것이다. 사람들은 너무 빨리 매수한다. 아무것도 모른 채, 아무 것도 분석하지 않고, 남들이 올라가고 있으니까 나도 산다, 나만 안 사면 불안하니까 산다, 유튜브에서 본 종목이니 믿고 산다. 그러다 물리게 되면 다시는 주식을 안 한다고 다짐한다. 혹은 다시 아 종목이나 산다. 그렇게 같은 일이 계속 반복된다.

이 책은 그 구조에서 벗어나기 위한 '매수 전 체크 리스트'와 같다. 무엇을 사기 전에 '이건 사도 되는 종목인가?'를 체크하기 위한 10가지 질문이다. 이 질문들에 하나라도 '예'라고 대답한다면, 일단 사지 말아야 한다. 언제까지? 그 문제가 해결될 때까지. 그 종목이 '절대 사지 말아야 할 부류'에 속한다면, 영원히 사지 말아야 한다.

이 책이 주는 교훈은 단 하나다. 좋은 종목을 고르는 것보다 나쁜 종목을 피하는 것이 훨씬 쉽고, 수익에 더 직접적이라는 것이다.

나쁜 종목을 피하기만 해도 계좌는 버틸 만하고, 손실은 줄어든다. 무리하지 않으니 공포도 줄고, 손절도 필요 없다. 오히려 이런 과정을 반복하다 보면, 나중에 당신에게는 좋은 종목만 남을 것이다. 10계명을 모두 통과한 기업이 바로 그 종목이다. 그리고 그때는 물릴 이유가 없다. 이미 충분히 검증한 기업이기 때문이다. 그렇게 사는 것이다. 그렇게 버티는 것이다. 그렇게 수익이 쌓이는 것이다.

마지막으로 이렇게 정리하고 싶다. 지금 당신이 눈여겨보는 종목이 있다면, 10계명을 하나씩 대입해 보라. 10계명 중 단 하나라도 걸리는 항목이 있다면, 일단 보류하라. 반대로 10가지 기준을 모두 통과한 기업이라면, 당신은 이미 충분한 검토한 것이다. 그게 이 책의 끝인 동시에 투자의 시작이다.

매수 전 반드시 확인해야 할 주식 10계명 체크리스트

항목	질문	예	아니오
제1계명	이 기업은 중국 업체들과 같은 산업에서 경쟁하고 있는가? (예: 태양광, 배터리, 디스플레이 등)	☐	☑
제2계명	최근 5년 이내에 총수가 횡령·배임·뇌물 등의 혐의로 실형을 선고받고 수감되었다가 풀려나서 경영에 복귀했는가?	☐	☐
제3계명	이 기업은 코스닥 상장사이며, 최근 3년간 영업이익이 거의 없거나 적자를 기록했는가?	☐	☐
제4계명	지금이 실적 발표 직전의 달인가? (3·5·8·11월)	☐	☐
제5계명	이 종목은 작년에 급등한 이력이 있으며, 올해는 그 이유가 사라졌는가?	☐	☐
제6계명	이 종목은 바이오, 정치, 소송, 게임 등 하나의 이벤트 결과에 따라 운명이 갈리는 구조인가?	☐	☐
제7계명	이 기업은 정치권과 밀접하게 연관돼 있거나, 주가가 정치 테마로 엮여 움직이는가?	☐	☐
제8계명	이 기업은 노조가 강성하며, 과거 파업으로 인해 생산에 차질을 빚었거나 손해를 본 적이 있는가?	☐	☐
제9계명	이 기업의 사업 방향이 현 정부의 정책 기조와 충돌하고 있는가?	☐	☐
제10계명	이 기업은 물적 분할, 복잡한 사업 구조, 사업 다각화로 인해 수익 구조가 불명확한가?	☐	☐

수익률 높이는
종목 선택법

2025년 11월 19일 초판 1쇄 인쇄
2025년 11월 26일 초판 1쇄 발행

지은이 | 효라클
펴낸이 | 이종춘
펴낸곳 | (주)첨단

주소 | 서울시 마포구 양화로 127 (서교동) 첨단빌딩 3층
전화 | 02-338-9151
팩스 | 02-338-9155
인터넷 홈페이지 | www.goldenowl.co.kr
출판등록 | 2000년 2월 15일 제 2000-000035호

본부장 | 홍종훈
편집 | 문다해
교정 | 강현주
디자인 | 유어텍스트, 윤선미
전략마케팅 | 구본철, 차정욱, 오영일, 나진호, 강호묵
온라인 홍보마케팅 | 이지영
제작 | 김유석
경영지원 | 이금선, 최미숙

ISBN 978-89-6030-653-0 13320

BM 황금부엉이는 (주)첨단의 단행본 출판 브랜드입니다.

- 값은 뒤표지에 있습니다. 잘못된 책은 구입하신 서점에서 바꾸어 드립니다.
- 이 책에 나오는 표현, 수식, 법령, 세법, 행정 절차, 예측 등은 오류가 있을 수 있습니다. 저자와 출판사는 책의 내용에 대한 민/형사상 책임을 지지 않습니다.
- 이 책은 신저작권법에 의거해 한국 내에서 보호를 받는 저작물이므로 무단 전재 및 복제를 금합니다.

황금부엉이에서 출간하고 싶은 원고가 있으신가요? 생각해보신 책의 제목(가제), 내용에 대한 소개, 간단한 자기소개, 연락처를 book@goldenowl.co.kr 메일로 보내주세요. 집필하신 원고가 있다면 원고의 일부 또는 전체를 함께 보내주시면 더욱 좋습니다.
책의 집필이 아닌 기획안을 제안해주셔도 좋습니다. 보내주신 분이 저 자신이라는 마음으로 정성을 다해 검토하겠습니다.